高僧傳

佛祖之標榜

# 憨山德清

編撰——徐瑾

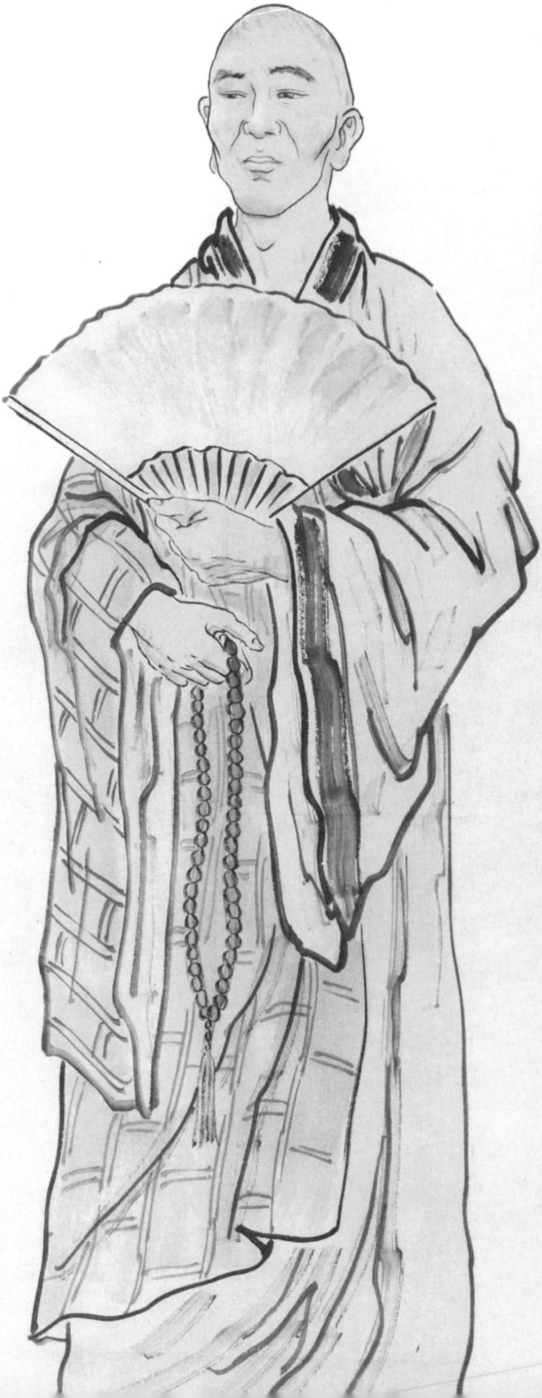

【編撰者簡介】

# 徐瑾

湖北大學哲學學院教授，博士生導師，湖北大學高等人文研究院研究員。主要研究領域為漢傳佛教思想，亦對中西方哲學、宗教學有長期研究。

縱觀世界上各種宗教及民間信仰，經深入比較，發現當今世界，漢傳佛教可說是相當具有人文與理性性格的宗教。其修行的主張（依法不依人，依義不依語，依了義不依不了義，依智不依識），持守的佛教戒律，以及漢傳佛教特有的吃素傳統和叢林特色，還有富有中國特色的大乘佛教宗派體系，崇尚慈悲與智慧，對於世界和諧能夠起到非常重要的作用，可以說，讓更多的人接觸佛法、理解佛法，是我輩學人義不容辭的責任。

## 【「高僧傳」系列編輯序】

# 令眾生生歡喜者，則令一切如來歡喜

「為佛教，為眾生」六個字，乃是印順法師於臺北市龍江街慧日講堂（後因大門遷移，地址遷至朱崙街）為證嚴法師授予三皈依、並賜法名時的殷殷叮囑：「既然出家了，你要時時刻刻為佛教、為眾生。」

依證嚴法師解釋：「為佛教」是內修清淨行，「為眾生」則要挑起如來家業，走入人群救度眾生。因此法師稟承師訓，一心一志「為佛教還原教義，為眾生點亮心燈」，而開展慈濟眾生的志業。

## 歷代高僧之「為佛教、為眾生」

證嚴法師開創「靜思法脈，慈濟宗門」，並將其與「為佛教，為眾生」合釋：「靜思法脈」乃「為佛教」，是智慧；「慈濟宗門」即「為眾生」，是大愛。

進而言之，「靜思法脈，慈濟宗門」即菩薩道所強調的「悲智雙運」：「靜思法脈」是「智」，「慈濟宗門」是「悲」；傳承法脈、弘揚宗門就要「悲智雙運」，積極在人間發揮慈、悲、喜、捨四無量心。此亦即慈濟人開展四大志業、八大法印時的根本心要。

由其強調「悲智雙運」可知，「靜思法脈，慈濟宗門」並非標新立異，而是傳承佛陀教法以及漢傳佛教歷代高僧的教誨——包括身教與言教，並要求身心皆徹底踐履。為了讓世人明瞭慈濟宗門之初心與悲願，也讓這些歷代高僧的事蹟與精神更廣為人知，大愛電視臺秉持證嚴法師的信念，於二〇〇三年起陸續製作《鑑真大和尚》與《印順導師傳》動畫電影，將佛教史上高僧大德的動人故事，經由動畫電影的形式，傳遞到全世界。

因為電影的成功，大愛電視臺進一步籌畫更詳盡的電視版〈高僧傳〉——採取臺灣民眾雅俗共賞的歌仔戲形式。〈高僧傳〉的每一部劇本都是經過數個月的資料研讀與整理，縝密思考後才下筆，句句考證、字字斟酌。製作團隊感受到每一位大師皆以身作則、行菩薩道的特質，希望將每位高僧的大願與大行傳遍世界。

然而，不論是動畫或戲劇，恐難完整呈現《高僧傳》中所載之生命歷程，以及諸位高僧與祖師之思想以及對後世之貢獻。因此，慈濟人文志業中心便就〈高僧傳〉歌仔戲所演繹過的高僧，以《高僧傳》及《續高僧傳》之原著為基礎，含括了日、韓等國之佛教史上的知名高僧，編撰「高僧傳」系列叢書。我們不採取坊間已有之小說體形式，而是嚴謹地參照人物評傳的現代寫法，參酌相關之史著及評論，對其事蹟有所探討與省思，並將其社會背景、思想及影響皆納入，雜揉編撰，內容包括高僧的生平、傳承及主要思想或重要經典簡介。從中，我們不僅可以讀到歷代高僧的智慧與悲心，亦可一覽相關的佛教史地、典籍與思想。

在編輯過程中，我們可以看到歷代高僧之「為佛教，為眾生」：鳩摩羅什飽受戰亂、顛沛流離，仍戮力譯經，得令後人傳誦不絕，乃是為利益眾生；玄奘歷萬里之險取得梵本佛經、致力翻譯，其苦心孤詣，是為利益眾生；鑑真六次渡海欲至東瀛傳戒，眼盲亦不悔，是為利益眾生；六祖惠能隱居十五載以避害身之禍，只為弘揚如來心法，並言「佛法在世間，不離世間覺；離世求菩提，猶如覓兔角」，亦是為利益眾生……

這些高僧祖師大可獨善其身、如法修行以得解脫，為何要為法忘身、受諸逆境而不退？究其根本，他們不只是為了參究佛法，而是深知弘揚大乘佛法的目的乃在於大慈大悲地度化眾生、讓眾生能得安樂；若不能讓眾生同霑法益，求法何用？如《大智度論．卷二七》所云：

一切諸佛法中，慈悲為大；若無大慈大悲，便早入涅槃。

由此可知，就大乘精神而言，「為佛教」即應「為眾生」，實為一體之兩面。

## 「大悲」為「諸佛之祖母」

除了歷代高僧之示現，「為眾生」之菩薩道的實踐，於經教中更是多不勝數、歷歷可證。例如，《無量義經．德行品第一》便說明了菩薩作為眾生之大導師、大船師、大醫王之無量大悲：

無量大悲救苦眾生，是諸眾生真善知識，是諸眾生大良福田，是諸眾生不請之師，是諸眾生安隱樂處、救處、護處、大依止處。處處為眾作大導師，能為生盲而作眼目，聾劓啞者作耳鼻舌；諸根毀缺能令具足，顛狂荒亂作大正念。船師、大船師運載群生渡生死河，置涅槃岸；醫王、大醫王，分別病相曉了藥性，隨病授藥令眾樂服；調御、大調御，無諸放逸行，猶如象馬師，能調無不調；師子勇猛，威伏眾獸，難可沮壞。

如來於《法華經．觀世音菩薩普門品》中宣說，觀世音菩薩更以三十三種應化身度化眾生：

佛告無盡意菩薩：善男子，若有國土眾生，應以佛身得度者，觀世音菩薩即現佛身而為說法；應以辟支佛身得度者，即現辟支佛身而為說法；應以聲聞身得度者，即現聲聞身而為說法；應以梵王身得度者，即現梵王身而為說法；應以帝釋身得度者，即現帝釋身而為說法……應以天龍、夜叉、乾闥婆、阿修羅、迦樓羅、緊那羅、摩侯羅伽、人非人等身得度者，即皆現之而為說法；應以執金剛神得度者，即現執金剛神而為說法。無盡意，是觀世音菩薩成就如是功德，以種種形遊諸國土，度脫眾生，是故汝等應當一心供養觀世音菩薩。是觀世音菩薩摩訶薩，於怖畏急難之中能施無畏，是故此娑婆世界皆號之為施無畏者。

為何觀世音菩薩要聞聲救苦？因為菩薩總是「人傷我痛、人苦我悲」，恆以「利他」為念。如《大丈夫論》所云：

菩薩見他苦時，即是菩薩極苦；見他樂時，即是菩薩大樂。以是故，菩薩恆為利他。

正是因為這般順隨眾生、「以種種形」而令其無畏的無量悲心，讓觀世音菩薩受到漢傳佛教乃至於華人民間信仰的共同崇敬。慈濟人之所以超越貧富、超越國界、超越宗教地去關懷與膚慰需要幫助的生命，便是效法觀世音菩薩無量悲心、無量應化的精神。

在《法華經．普賢菩薩勸發品》中發願、將於佛滅後守護及教導受持《法華經》之眾生的普賢菩薩，於《華嚴經．普賢行願品》中則教導善財童子如何供養諸佛，亦揭示了如來、菩薩、眾生的關係：

於諸病苦，為作良醫；於失道者，示其正路；於闇夜中，為作光明；於貧窮者，令得伏藏。菩薩如是平等饒益一切眾生。何以故？菩薩若能隨順眾生，則為隨順供養諸佛；若於眾生，尊重承事，則為尊重承事如來；若令眾生生歡喜者，則令一切如來歡喜。何以故？諸佛如來，以大悲心而為體故。因於眾生，而起大悲；因於大悲，生菩提心；因菩提心，成等正覺。……若諸菩薩，以大悲水饒益眾生，則能成就阿耨多羅三藐三菩提故。是故菩提，屬於眾生；若無眾生，一切菩薩終不能成無上正覺。善男子，汝於此義，應如是解。以於眾生心平等故，則能成就圓滿大悲；以大悲心隨眾生故，則能成就供養如來。

《大智度論．卷二〇》亦云，佛陀強調，大悲心乃是諸佛菩薩之根本，具大悲心方能得般若智慧，亦方能成佛：

大悲，是一切諸佛、菩薩功德之根本，是般若波羅蜜之母，諸佛之祖母。菩薩以大悲心，故得般若波羅蜜；得般若波羅蜜，故得作佛。

「菩薩若能隨順眾生，則為隨順供養諸佛；若於眾生，尊重承事，則為尊重承事如來；若令眾生生歡喜者，則令一切如來歡喜。」閱及此段，不禁令人深深體會證嚴法師之智慧與悲心：慈濟宗門四大、八印之聞聲救苦、無量應化地「為眾生」，也是同時「為佛教」地供養諸佛、令一切如來歡喜啊！

歷代高僧雖未如慈濟宗門般推動慈善、醫療、乃至於環保、國際賑災等志業，乃因其時空因素，欲度化眾生先以弘揚大乘經教與法義為重；現今經教已備，所須的乃是效法菩薩道之力行實踐！慈濟宗門便是上承歷代高僧與經論之教法，推動四大、八印，行菩薩道饒益眾生，以此供養如來。

換言之，歷代高僧之風範、智慧及悲願，為佛教，也為眾生，此即諸佛菩薩之本懷，亦為慈濟宗門之本懷！這便是《高僧傳》系列叢書所欲彰顯者。

遙企歷代高僧儼然身影，我們可以肯定：為眾生，便是為佛教；為佛教，一定要為眾生！

【推薦序】

# 「播撒禪法之種，廣施甘露之霖」的一代大師

——釋印宗

憨山德清大師與蕅益、紫柏、蓮池三位大師，於教內通宗通教，行解相應，弘宗演教，備受敬仰；於教外四書五經、老莊玄學、亘有研習，著書立說，僧俗蒙恩。因其弘化行跡皆為明末清初之時，相距甚近，故教內後人尊推為明末四大高僧。

憨山大師，法名德清，號憨山，金陵（今南京）蔡氏子。其母洪氏素有佛教信仰，特奉觀音大士名號，虔誠故於夜夢中感「觀音送子手牽回家」而有孕，實乃奇異之靈兆，必有超凡之造化。終至於曹溪寶林，焚香沐浴，無疾端坐而

脫，享年七十有八。

大師一生為法而來，為法而去。幼具宿慧，與眾不同，常起疑情，問而思之，「生前何為，此後何往」。由是生前死後大事未明，於心不安。少時有疾難愈，其母佛前發心，若能無恙，願舍子出家，後有好轉，即易乳名為「和尚」。

大師年十二，於金陵報恩寺禮西林和尚剃發出家。隨寺眾啟蒙法華、華嚴大教，又聽習四書五經，廣攝諸子百家，文辭詩賦，更有習後背誦，實乃天才之賦！

大師因「報恩厄難」後，離寺參方，廣結法緣，聽教參禪，隨緣講習。一生匯通四教五教、般若唯識後，宣導禪教淨律相融，雖遍攝融通諸宗體系，然末後惟囑弟子「一心念佛」為歸。

大師一生著作等身，早年聽習《華嚴》、《法華》即解，於四教五教系統研習，著有《華嚴經綱要》、《法華擊節》、《楞嚴筆記》三大部；常躬身法座，高臺教化，演般若之聖教，傳智慧之法水。隨演講訖，結集《金剛經決疑》、

《般若心經直解》、《圓覺經直解》、《大乘起信論直解》等。惟難能可貴者親于匡廬，為其弟子口授《八識規矩頌》、《百法明門論》、《成唯識論》。著有《性相通說》，旨在圓融性相，和合聖教，其悲心可鑒，智慧可嘉。

大師一生勤於筆耕，猶於抄寫經典，上結般若聖教之緣，下酬父母及一切有情之深恩。感人至深者，當屬於五臺聖地刺血書寫整部《大方廣佛華嚴經》。大師所書之經，一文一字一佛號，可謂至極虔誠；書經之時，遇人來問事即問即答，凡人難解其一心幾用也。

大師一生鍾情於佛法，然以《華嚴》用心至甚，虔誠讀誦《華嚴》，聽教參學《華嚴》，刺血書寫《華嚴》，登座講解《華嚴》，感得坐下萬人聽講，心生敬信。提出「不讀《華嚴》，不知佛家富貴」之名句，於教類內流傳千古，膾炙人口，廣為傳頌，對後世學人研習《華嚴》，影響巨大。

大師一生功績重在中興禪法，於禪宗寶典《楞伽經》一注再注，存有《觀楞伽經論》、《楞伽補遺》。窺其行化大事因緣不難發現，大師早年初入禪定，既證色空，徹悟心性，找回本來，可見大師上根靈智，參而能悟，於教內少見。

大師悟後起修，濟困厄於東海牢山，蒙冤辱而為法含垢；乃至流放雷州，充軍南蠻，隨緣教化，無怨無悔。以逆境磨礪道心，矢志不退；於紅塵長養聖胎，靈苗增秀！

大師宿緣所追至曹溪南華，圓成中興禪法，大開法筵教化眾生之願。一時於嶺南荒蕪之地，播撒禪法之種，生機盎然；廣施甘露之霖，普潤群機！

觀大師一生，參禪有悟，悟後起修，重在弘揚禪法，而禪宗旨意「不立文字，教外別傳」，大師又是如何能登臺說法、如瓶瀉水，著作等身、弘宗演教的呢？

竊以為，大師於《六祖壇經》，有省於慧能大師之言「宗通與說通，如日處虛空」。「說通」即為法義理論，「宗通」則是修行證悟；大師跳出了禪宗「不立文字，教外別傳」之巢窠，成為既是注重理論法義之大觀者，又是修行證悟之大行者。如此學修並重、教觀雙美，實乃後世學人之楷模。

大師一生，有夢觀音送子而來，無疾曹溪坐脫而歸，實乃神奇罕見。至今留肉身千古不壞於南華供養，普為天下未信者令信，已信者念念增長，是為大慈大悲。然大師一生，行腳參方，艱辛備至；牢山困厄，飽嘗冷暖；蒙冤充軍，忍辱負重；建寺安僧，身心勞頓……般般艱辛般般淚，更有般般磨難般般苦；然而大師一口全體吞卻，嘗盡有漏皆苦、真實不虛。至此大師於娑婆絲毫無戀，末後對弟子們之問自是一言不囑。如此瀟脫，不拖泥帶水，即為禪者風骨！

今有徐瑾教授於武昌佛學院授課，感教授學養深厚，嚴謹篤行，遊心法海，身體力行，甚為欣慕！捧讀大作，先睹為快，受命作序，心有惶恐，不吝揣陋，聊記感想心得如上，權作首位讀者感言。願與有緣人，借此親入大師靈山，親蒙大師垂護，得其法益，何幸之至！

## 推薦者簡介——

### 印宗法師

湖北省佛教協會副會長、武昌佛學院（太虛大師創辦）副院長兼尼眾部教務長、武昌蓮溪禪寺方丈。（蓮溪禪寺為女眾叢林，乃武漢四大叢林之一）

【編撰者序】

# 重振曹溪祖庭——憨山大師

就當今世界現存的所有宗教而言，漢傳佛教是唯一理性的宗教，是中華文明奉獻給世界的文化瑰寶。對漢傳佛教的研究具有重要的學術價值和現實意義。

近代西方大哲學家康德（Immanuel Kant，一七二四至一八〇四）在《單純理性限度內的宗教》（*Religion within the bounds of Bare Reason*）中認為：一切（付諸奇蹟、神蹟的）歷史性啟示宗教都應當走向純粹理性的宗教；信仰以理性為前提，宗教以道德為基礎。康德的宗教思想，對近代以來宗教的世俗化、理性化產生了極為重要的影響。

本人經過多年研究，將佛教與世界上現存的各種宗教及民間信仰加以深入對比後認為，以康德宗教思想而論，漢傳佛教實可歸於理性的宗教之列；因為，佛教可說是一崇尚理性、彰顯自由意志的宗教。

古印度時期，釋迦牟尼佛創立了佛教並廣為傳播。自東漢時期佛教傳入中土後，中土漢地便成為佛教的重要傳播地；十三世紀左右，佛教在印度消亡之後，中土漢地更是成為佛教的主要傳播地。

漢傳佛教是對古印度釋迦牟尼佛所創立佛教的傳承，其修行主張「依法不依人，依義不依語，依了義不依不了義，依智不依識」；其持守的五戒：「不殺生、不偷盜、不邪淫、不妄語、不飲酒」等，以及漢傳佛教特有的「吃素」傳統、叢林特色，還有富有中國特色的大乘佛教宗派體系，都令崇尚慈悲與智慧的漢傳佛教具有其獨特性及包容性。

漢傳漢傳佛教十三宗，其旨歸都是彰顯我們本具的般若智慧，去理解宇宙與人生的真相，而不是讓人愚昧地相信或服從。漢傳佛教鼓勵懷疑，有「大疑大悟，小疑小悟，不疑不悟」之說；這一點，就高舉信仰的諸多宗教而言是相當獨特的。我以為，如果信仰某種宗教的前提是泯滅我們的理性、消滅我們的反思能力，那麼便無疑近乎迷信；如果信仰某種宗教的結果是不僅泯滅我們的理性，而且泯滅我們的道德良心，則無疑就是邪門歪道。

漢傳佛教悲智雙運、理事圓融，從教理上看不帶有任何迷信色彩。佛教強調依法不依人，即依持經典、正法而修行，而不盲目依持於個人形式的崇拜；依義不依語，即依文字的義理而修行，而非文字的表現形相；依了義不依不了義，即依持直指本真的了義經典、方法而修行，不依持方便說法的不了義經典、方法而修行；依智不依識，即依無分別的智慧質直自心修行，而不依持於有分別的世間聰辨而修行。這些都是非常理性的主張。還有，「諸惡莫作，諸善奉行，自淨其意，是諸佛教」體現的就是對美德與理性的強調。

儘管佛教也談到了地獄、餓鬼等看似不可思議的表像內容，但也有「三界唯心，萬法唯識」、「應無所住而生其心」等解釋現象的透徹道理。事理究竟，圓融無礙。佛教主張佛性本具，強調命運的自我把握。不似其他信仰，「佛」

從來都不是萬能的，「天雨雖寬，不潤無根之草，佛法雖廣，不度無緣之人」；只有自己通過對佛法真理的把握才能拯救自己，這是對每個人所具有的自由意志的高揚。

從漢傳佛教的社會作用來看，在當代建設和諧世界的過程中，漢傳佛教能夠產生非常積極的作用。佛教提倡眾生平等，呼籲慈悲濟世，以法雨甘露熄滅人們心中的瞋恨之火、貪婪之火、無明之火，為人類社會的和諧共處提供了不朽精神資源。

佛教傳入中土後與本土文化交流融合，形成儒釋道三教合一的穩定格局，對傳統社會的穩定和諧起到了關鍵作用。在當今世界，充分發揮佛教教義中的平等、中道、緣起、和諧等理念，以及「勤修戒定慧，熄滅貪嗔癡」的修行方式，「眾生無邊誓願度」、「不為自己求安樂，但願眾生得離苦」的奉獻精神，這些都能對世界的和諧穩定形成非常重要的影響。

漢傳佛教中具有典型中土色彩的是禪宗。禪宗又名佛心宗，該宗所依經典先是《楞伽經》，後為《金剛經》，《六祖壇經》是其代表作。有一說法為，禪宗因第六代祖師以前每代只單傳一人，類似上古堯舜禹之禪讓，故名禪宗。

禪宗主張「教外別傳，不立文字，直指人心，見性成佛」。傳說創始人為初祖菩提達摩，下傳二祖慧可、三祖僧璨、四祖道信，至五祖弘忍下分為南宗惠能，北宗神秀，時稱「南能北秀」。惠能被稱為六祖。惠能門下的著名弟子有南嶽懷讓、青原行思、荷澤神會、南陽慧忠、永嘉玄覺等。南嶽下數傳形成溈仰、臨濟兩宗。青原下數傳分為曹洞、雲門、法眼三宗。世稱「五家」。臨濟宗在宋代衍生出黃龍、楊岐兩派。合稱「五家七宗」。

禪宗不立文字、直指人心的風格，在唐宋時期曾一度風靡天下，幾乎成為漢傳佛教的主流和代表。後來，隨著宋明理學與禪宗的相互論爭，以及禪宗自身發展過程中產生的一些流弊等原因，使得禪宗逐漸走向衰微。

本書所講述的憨山大師，則是令漢傳佛教各派學說再度振興的禪宗祖師！當今末法時代，能夠接觸到佛法，甚難稀有；能夠拜讀大善知識開示，亦是甚難稀有。明末四大高僧之一的憨山大師，就是傳播佛法的大善知識。

明代中葉，自宣宗至穆宗一百多年間，漢傳佛教各宗都現衰微之勢。但到神宗萬曆時期，名匠輩出，形成佛教的復興氣象。這個時期最重要的人物，是雲棲袾宏（一五三五至一六一五）、紫柏真可（一五四三至一六〇三）、憨山德清（一五四六至一六二三）、藕益智旭（一五九九至一六五五），世稱「明末四大高僧」。其中，憨山大師重振六祖曹溪祖庭，復興禪宗，被稱為曹溪中興之祖。

憨山大師的一生充滿傳奇。母親夢見觀音送子而孕，大師幼時即萌發出家的願望。出家後四處雲遊參訪諸善知識，大徹大悟。後因東海牢山的因緣，遠赴六祖曹溪祖庭，中興禪宗，廣傳佛法。之後遊歷四方，行菩薩道，普度有緣。常居廬山，講經說法。晚年再回曹溪，預知時至，含笑而逝，留下不壞金身供後人瞻仰。

大師一生著述甚多，對儒釋道三家經典都有極為精闢的言論，時至如今，仍然能夠對我們產生極為深刻的影響。

《佛說四十二章經》云：

人離惡道，得為人難。六根既具，生中國難。既生中國，值佛世難。既值佛世，遇道者難。既得遇道，興信心難。既興信心，發菩提心難。既發菩提心，無修無證難。

所謂人身難得，中國難生，佛法難聞；得人身，處中國，遇佛法就是當下最大的福報。所謂「人生難得今已得，佛法難聞今已聞；此身不向今生度，更待何生度此身？」與佛法修行相比，世間一切享樂都不值得追求，因此憨山大師從小就嚮往佛法，拒絕定親婚約，放棄科舉之路，後矢志不渝地精進修行，終於大徹大悟，成為一代高僧，普度有緣眾生。

在數十年的傳法過程中，大師參禪悟道，中興禪宗，提倡禪淨雙修，主張禪教合一、性相一源，並以著述、開示、詩歌偈頌等方式留下了甚多精妙法語，對佛內外產生了巨大影響。

《佛說無量壽經》云：

如來興世，難值難見。諸佛經道，難得難聞。

菩薩勝法，諸波羅蜜，得聞亦難。

遇善知識，聞法能行，此亦為難。

對於當今世界上唯一理性的宗教而言，我們在當下能夠接觸到漢傳佛教的教義教理，實在是極大的福報。正如《佛說無量壽經》所說，我們很難遇到諸佛出世度眾之時，很難聽聞佛教經典，很難遇到善知識傳授善法。而憨山德清大師就是傳播佛教正法的人天導師，只要我們誠心拜讀大師遺留的諸多著述，大師的一言一行就一定能對我們產生深刻影響，使我們獲得不可思議的收益。

仰慕憨山大師的巍巍言行，我輩學人當認真學習，仿效實踐，以慈悲心懷待人接物，以生死之心矢志修行，爭取早日成就。

本書分為兩大部分。第一部分講述憨山大師的生平經歷，第二部分闡釋憨山大師的主要思想以及對後世的影響。本書所述之憨山大師生平，乃是根據《憨山老人自敘年譜實錄》、《憨山大師年譜疏》、《憨山老人夢遊集》、《東遊集》編寫。《憨山老人自敘年譜實錄》為憨山大師自己所寫，逝世之後事蹟由弟子福善續寫；《憨山大師年譜疏》乃是福善記錄、福徵述疏；《憨山老人夢遊集》由福善、通炯、劉起相整理；《東遊集》則為玄津、譚孟恂整理。

希望通過本書，能夠讓讀者瞭解憨山大師的崇高品德和深邃學識，激勵我們如琢如磨、篤志篤行，為莊嚴國土、利樂有情竭誠奉獻！

限於學識，編撰者對於本書的編寫雖然已經竭盡心力，然而文字表達畢竟有限，難以展露憨山大師高風亮節之萬一。

願在此做拋磚引玉之舉，只為希冀讀者能有所裨益，進而引導讀者能親近憨山大師，親近佛法。若能實現這些，則編撰此書尚有些許功德，聊以自慰了。

# 目錄



## 示現



無極大師講《華嚴玄談》，予即從受具戒。隨聽講至十玄門，海印森羅常住處，恍然了悟法界圓融無盡之旨。



一日粥罷經行，忽立定，不見身心，唯一大光明藏，圓滿湛寂，如大圓鏡，山河大地影現其中。及覺則朗然，自覓身心，了不可得。

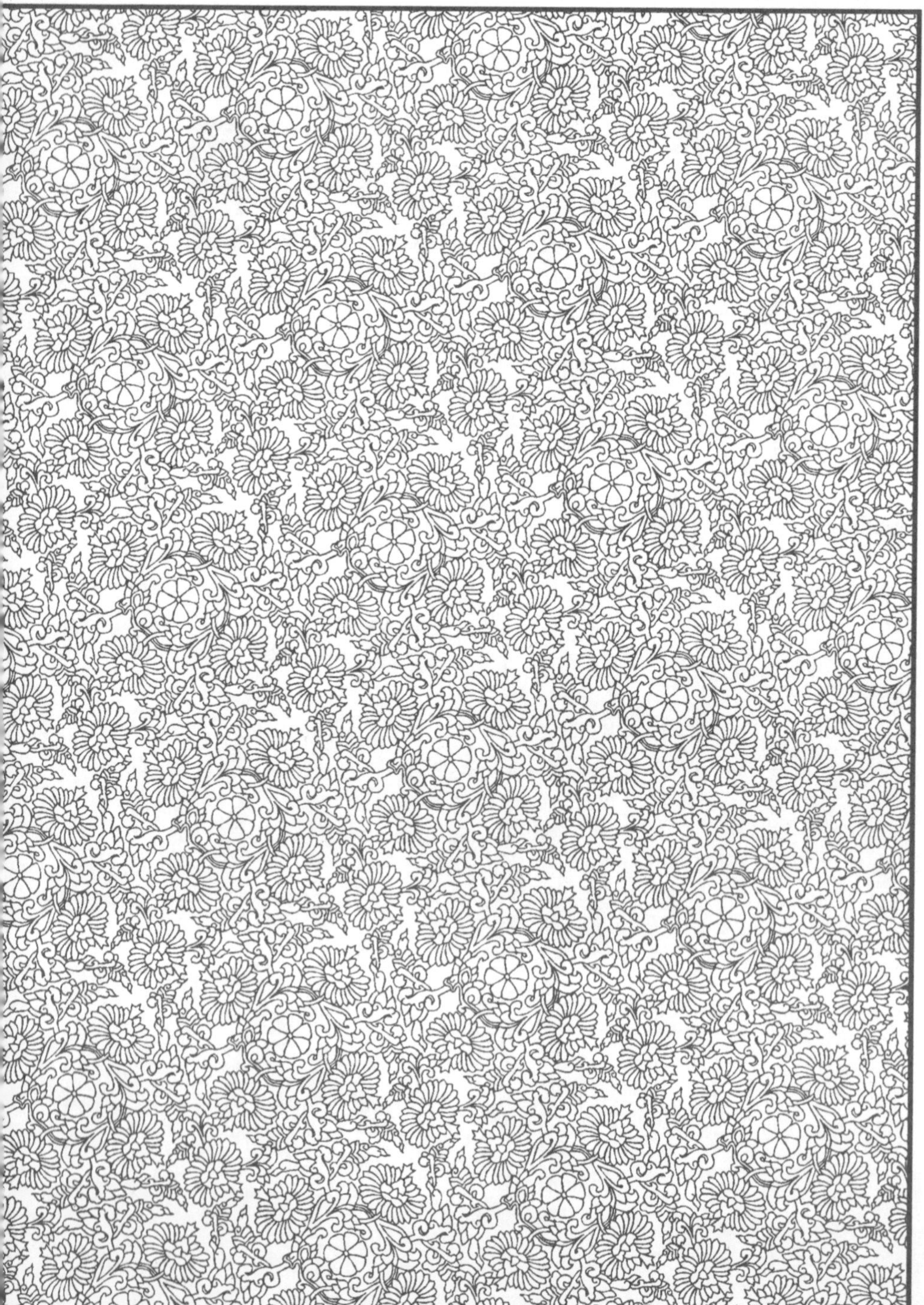

# 示現

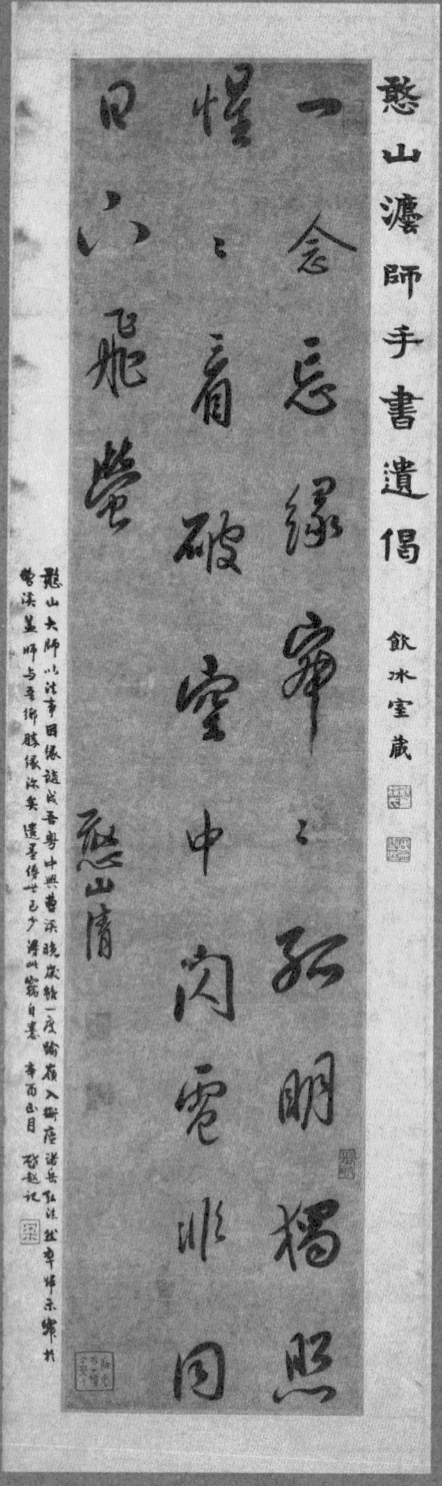

憨山濂師手書遺偈
飲冰室藏
一念忘緣緣孤明獨照
惺惺看破空中閃電非同
日月飛螢
憨山清
憨山大師以法事因緣謫戍吾粵中興曹溪晚歲猶一度踰嶺入衡廬諸岳弘法然卒歸示寂於
曹溪蓋師與吾鄉勝緣深矣遺墨傳世已少得此竊自喜 辛酉正月 啟超記

梁啟超收藏，憨山大師墨寶〈行書六言詩〉：

一念忘緣寂寂，孤明獨照惺惺；
看破空中閃電，非同日下飛螢。

（何創時書法藝術基金會提供）

# 第一章　觀音送子，矢志出家

無極大師講《華嚴玄談》，予即從受具戒。隨聽講至十玄門，海印森羅常住處，恍然了悟法界圓融無盡之旨。

憨山德清（西元一五四六年至一六二三年），俗家姓蔡，字澄印，號憨山，法號德清，謚號「弘覺禪師」。明代全椒縣（今屬安徽省）人，父親蔡諱彥高，母親洪氏。

「大美」與「和尚」

洪氏樂善好施，是一位虔誠的佛教徒；平時敬奉觀音大士，常念「觀世音菩薩」名號。

明世宗嘉靖二十五年（西元一五四六年）的某天晚上，洪氏睡夢之中忽然見到毫光滿屋，如同白晝；又聽到天樂盈空，聞到異香滿室。只見觀音大士瓔珞莊嚴，手裡牽著一個可愛的小童入內；洪氏不覺心生歡喜，頂禮膜拜，乃接童子入懷。一覺醒來，似仍有異香繚繞，從此便有了身孕。

## 觀世音菩薩

梵文為Avalokiteśvara，又譯為觀自在菩薩、光世音菩薩等，是人們普遍信仰的大菩薩，亦稱觀音菩薩、觀音大士。據經典所載，因為菩薩聞聲救苦，所以名「觀世音」。

為大乘佛教西方極樂世界教主阿彌陀佛座下的上首菩薩，與大勢至菩薩為阿彌陀佛的左、右脅侍菩薩，並稱「西方三聖」。某些菩薩在遠古已成佛，祂們以大慈悲心，為度眾生示現菩薩形象，重入世間教化救苦，觀世音菩薩即是其中之一，其過去佛號為「正法明如來」。

《妙法蓮華經．觀世音菩薩普門品》：「若有無量百千萬億眾生，受諸苦惱，聞是觀世音菩薩，一心稱名，觀世音菩薩即時觀其音聲，皆得解脫。」因此甚得百姓信仰。自唐代以來，有「家家觀世音，戶戶彌陀佛」之說，這說明觀世音菩薩及阿彌陀佛的信仰在中國流傳極廣。

這一年的十月十二日的半夜時分，洪氏生下了一個包著白色雙層胞衣的胎兒；由於有雙層胎衣，胎兒沒有沾染到任何血汙等不潔淨的東西。當剝去胎衣洗濯時，整個房間裡都充滿了濃郁的香氣，似乎預示著這個嬰兒的非比尋常。

看到這樣的狀況，父母涕淚歡喜，覺得這個嬰兒恐怕不是尋常人物；又見嬰兒生得白淨可愛，便給嬰兒取了個小名為「大美」。

第二年，當大美滿周歲的時候，忽然得了嚴重的風疾，用什麼藥都沒有效果，大美因此病得瀕臨生死關頭；父母心急如焚，卻束手無策。

洪氏見醫藥無效，就虔誠地跪在觀音大士像前祈禱：「大慈大悲、救苦救難的觀音菩薩啊，求求您救救我的大美吧！」一邊磕頭，一邊說：「如果能夠讓我的大美重病痊癒，將來我一定讓他出家為僧，弘揚佛法，來報答菩薩的大恩大德！」

過了幾天，大美的病真的痊癒了。因為這次的經歷，洪氏害怕大美將來再生重病，為了保佑大美健康成長，洪氏就把他的名字寄託在村裡的長壽寺以求平安吉祥，並且把「大美」的乳名改為「和尚」。

洪氏雖然敬奉觀音大士，卻並不知曉多少佛教典籍，對於什麼是「和尚」並不清楚，當地的佛教風氣也不濃厚，所以才會將大美的名字改成「和尚」。這樣的巧合，是否也預言著將來大美會成為佛門中的大和尚呢？

# 關於佛教中的稱謂

佛教中對於出家眾及在家眾的身分有多種稱謂。

佛教徒有「四眾」和「七眾」之分：四眾指比丘、比丘尼、優婆塞（男性居士）、優婆夷（女性居士），七眾則是在四眾之外加上沙彌、沙彌尼、式叉摩尼，均為梵語音譯。

七眾為：

1.比丘（bhikṣu）：特指受過具足戒（比丘戒兩百五十條）的男性出家人，俗稱僧、大僧等。

2.比丘尼（bhikṣunī）：特指受過具足戒（比丘尼戒三百四十八條）的女性出家人，俗稱尼、二僧等。

據戒律規定，受過具足戒的出家人才是真正意義上的僧伽，可穿三衣（袈裟），具有收徒、授戒、傳法、接受俗人供養的資格。

受具足戒年齡一般在二十歲至六十歲之間。

3.沙彌（śrāmaṇera）：特指已剃度、受過沙彌十戒，但尚未受具足戒的男性出家人，年齡多在七歲至二十歲之間。

4.沙彌尼（śrāmaṇeri）：特指已剃度、受過沙彌十戒，尚未受過具足戒的女性出家人。

5.式叉摩尼（Śikṣamāṇā）：又名式叉摩那，意為學戒女，特指準備受具足戒、先修學兩年四根本戒和六法階段的沙彌尼。

以上為佛教出家五眾。一般來說，男稱為僧，女稱為尼；相對於在家信眾，都可稱為「師父」。

6.優婆塞（Upāsaka）：意譯為近事男、清信士，特指皈依三寶（佛法僧）、信奉佛法的在家男信眾，俗稱居士。

7.優婆夷（Upāsikā）：意譯為近事女、清信女，特指皈依三寶、信奉佛法的在家女信眾，俗稱女居士。

以上七眾還有以下十種稱謂：

1.沙門（śramaṇa）：意為息心修道，為古印度對一切出家修行者的泛稱，在中國則專指佛教僧侶。

2.和尚：意為「親教師」或師父，原指僧人對寺院方丈等長老的稱呼或受戒者對授戒師的尊稱；後來俗化，泛指僧眾。

3.尼姑：為漢地對女性出家人之俗稱。

4.僧伽（Saṃgha）：簡稱「僧」，意為「和合眾」，本指三人以上的僧團；後與「道士」相對，泛指佛教出家人。

5.頭陀（dhūta）：特指修頭陀苦行的僧。

6.行者：本指在佛寺中服雜役、沒有正式剃度的出家修行者。後泛指雲遊僧、禪僧或修行者。

7.緇素：為僧人與俗人之合稱。因過去僧服多為緇（黑）色，而古印度俗人多穿白色（素色）衣服。

8.居士：為佛教在家男女信眾的統稱。

9.白衣：白衣指一般民眾和居士。

10.在家人：與出家人相對應，指在家信徒或一般民眾。

就寺廟管理而言，方丈（住持）以下主要的有「四大班首」（首座、西堂、後堂、堂主）及「八大執事」（監院、知客、僧值、維那、典座、寮元、衣缽、書記）。

佛教還有二十六種禮節上的稱謂：

1.法師：本是一種學位稱號，要通達佛法、能為人宣說者才可稱為法師；漢地往往將其與「居士」稱謂相對應，而成為僧人通稱。

2.三藏法師：指精通經律論三藏、能為人宣說的僧人。

3.經師：指善於誦讀經文或精通經藏的僧人。

4.律師：對善於記誦或講解律藏之僧人的敬稱。

5.論師：指精通論藏、善於講解經義的僧人。

6.禪師：指通達禪理、善修禪定的僧人。

7.阿闍黎（梵語 ācārya）：又作阿奢梨、阿祇利、阿遮利、阿遮梨夜，意譯為教授、軌範師、正行者，意指能矯正弟子們行為並給予教授之僧，故又稱導師，密宗則指灌頂師等。

8.長老：指年齡長而法臘（受戒年數）高、智德俱優之大比丘，又稱上座、上首、首座、耆年、耆宿、耆舊等。

9.上人：指內有智德、外有勝行的僧人，以喻其出類拔萃、在人之上，今亦泛用為敬稱。

10.大德：指有大德行的僧人，後泛化為出家、在家眾之尊稱。

11.大師：佛經將初果以上乃至諸佛菩薩等聖人、堪為眾生之師範者，稱為大師，後泛化為尊稱。

12.師父：對僧人的敬稱，猶言以師、父般的禮敬。

13.善知識：指正直而有德行，能導人於正道之人，又作知識、善友、勝友等。

14.善男信女：泛指一切歸信佛法、一心向善的佛教徒，佛經中常作善男子、善女人。

15.貧僧：僧人自謙語。

16.禪和子：指一般禪僧或參禪的夥伴。

17.戒子：指戒場中求受三壇大戒之僧人。

18.釋子：僧人出家，從釋迦之教，皆捨本姓而從佛姓，故名釋子。

19.衲子：僧人自謙語，因禪僧多穿補丁衲衣游方各處。

20.佛子：眾生受佛戒者之稱。

21.弟子：隨師受教者之稱。

22.檀那（dāna）：意譯為布施，後引申為施主。

23.施主：原為佛門中人對施捨者的稱呼，後成為僧人對來寺院進香禮佛者的敬稱。

24.龍象：喻指修行勇猛、具大力量的人，多用來稱讚住持正法的出家人為「法門龍象」。

25.菩薩：為「菩提薩埵」（梵文 bodhisattva）之略稱，意為覺有情、大心眾生。本指大乘佛教修到一定果位的聖賢（如文殊、普賢、觀音、地藏、大勢至等菩薩），現實中亦借用於對居士之尊稱。

26.護法：護持佛法，常用於僧人對居士的敬稱。



## 生死觸動心頭

為行文方便，以下就直接以較為人所熟知並做為敬稱的「憨山師」或「憨師」，敘述其生命歷程。

憨山師生性喜安靜，三歲之前就喜歡一個人獨自靜坐著想問題，也不喜歡和村裡的小孩一起玩耍；似乎天生就喜歡對周圍的一切事物深加思維，對於世俗孩子們的遊戲玩耍都不喜歡。這或許也種下了他後來擯棄世俗欲望的紛擾，而矢志出家的因緣吧！

祖父見孫兒整天靜坐、不喜歡玩耍，覺得難以理解，所以經常對別人說：「我這孫兒，倒像是一根木樁子啊！」但是，憨山師的叔父覺得他不是尋常孩子，而且在交談中覺得他聰慧靈敏，所以特別喜歡他。

然而，憨山師七歲那年，疼愛他的叔父忽然重病去世。憨師這個時候在上社學——即村裡的地方小學；放學回來時，看到叔父躺在床上不動，非常奇怪，就問母親：「叔父睡著了嗎？」母親忍著悲痛說：「是的，叔父睡著了。」憨師便叫了幾聲叔父，想把叔父喊起來；但是，叔父毫無反應。

這時候，旁邊的嬸嬸不覺淚流滿面，悲痛地哭喊起來：「天哪！你到哪裡去了？」

憨師覺得非常奇怪，就問母親：「叔父的身體明明就在這裡啊！又能到哪裡去呢？」母親流淚說：「你叔父已經死了。」

憨師又問：「死後是到哪裡去了呢？」母親見他年幼，便沒有回答這個沉痛的問題。

不過，這個問題在憨師幼小的心靈裡深深植下了根，使得他以後經常思考這個充滿疑惑的問題。

又過了一段時間，憨山師的小嬸嬸生了一個兒子，母親帶著他一起去探望。

憨師看著這個小小的嬰兒，不禁好奇地問：「這嬰兒是從哪兒進入嬸嬸的肚子裡面呢？」母親拍了他一巴掌，笑著說：「你這傻孩子！那你是從哪裡進到我肚子裡的呢？」

憨師不好意思再問，但是心裡卻更加疑惑：嬰兒究竟是從哪裡來的呢？

自此，憨山師經常對「死了到哪裡去」和「嬰兒從哪裡來」這兩個問題獨自靜坐思維，但總是得不出合理的解釋，因而耿耿於懷多年。

禪宗有個話頭便是參究「父母未生前本來面目」，這和憨山師兒時的疑惑是相應的。或許，便是對這兩個問題的反覆思維，為他將來參禪悟道、大振禪門，種下了善根。

## 母親的嚴格教育

憨山師七歲開始上學之後，母親第二年又把大師送到隔河的社學裡讀書。由於路途比較遠，中途又要乘船過河，所以憨山師就住在親戚家裡。母親對他要求嚴格，希望他好好學習，只允許他一個月回家一次。

有一次，憨師回家之後不願意去上學。因為，住在親戚家裡畢竟不如住在自己家裡自在，而且憨師又依戀母親，所以到了上學的時候也不肯出門。母親很生氣，就把他一路趕到河邊；但是，到了河邊，憨師也不願意上船。母親一氣之下就把他提起來，用力拋到河裡去了，然後氣得頭也不回就回家去了。

這時候，憨師的祖母正好經過，看到這一幕，趕快喊人把他從河裡救起來，並送回家裡。

母親看到憨師從外面回來，仍舊生氣地說：「這種不喜歡讀書的不孝子，留著有什麼用？還不如淹死算了！」說完就將憨師趕出去，催他趕快乘船去上學，沒有絲毫留戀的神色。

憨師見母親這個樣子，心裡責怪母親的狠心，從此就不思念家裡，安心讀書了。

其實，母親雖然表現得非常狠心，私下卻思念兒子，心疼他求學的辛苦，常一個人坐在河邊哭泣。祖母怪母親太過無情，母親流淚說：「我必須斷絕了他的戀家之情，才能使他安心讀書啊！」

憨山師或許也能體會母親的苦心。九歲時，有一天到寺廟裡溫習功課，無意中聽到一位僧人念誦《觀音經》——亦即《法華經．普門品》。當憨師聽到觀世音菩薩大慈大悲，「眾生被困厄，無量苦逼身，觀音妙智力，能救世間苦」時，心裡非常歡喜踴躍；於是向僧人請來了一本經書研讀，很快便能背誦此經。

母親經常燒香禮拜觀音大士像，他在家的時候也跟隨母親一起禮拜。請得《觀音經》後，有一次回家和母親禮拜觀音大士時，憨師便告訴母親：「有一卷經書專門講述觀世音菩薩的威德神力，母親您聽說過嗎？」母親說：「從來沒聽說過。」於是他就為母親背誦了一遍經文。

母親聽了相當高興，便問：「你這是從哪裡學來的啊？你連誦經的聲音都像極了寺廟裡的老和尚呢！」憨師便把經過告訴了母親，並教授母親念誦此經。

---

**《觀音經》**

即姚秦三藏法師鳩摩羅什翻譯的《妙法蓮華經・觀世音菩薩普門品》；這部經裡講述了觀世音菩薩的大威德神力，只要專心虔誠地一心稱念「南無觀世音菩薩」名號，就能獲得拯救。

鳩摩羅什（Kumārajīva，西元三四四至四一三年），意譯為「童壽」，常略稱為「羅什」或「什」；祖籍天竺，出生於西域龜茲國（今新疆庫車）。自幼天資超凡，半歲會說話，三歲能認字，五歲開始博覽群書，七歲跟隨母親一同出家；曾遊學天竺諸國，遍訪名師大德，深究妙義。他年少精進，又博聞強記，既通梵語又嫻漢文，佛學造詣極深。博通大小乘及經律論三藏，並能論理自在，乃三藏法師第一人。與玄奘、不空、真諦並稱中國佛教四大譯經家，位列其首。（可參閱「高僧傳」系列《鳩摩羅什——七佛譯經師》）

## 立出家修行之志

憨山師十歲的時候，因為母親對功課督促特別嚴厲，他感到讀書很辛苦，於是對為什麼要讀書產生了疑問。

有一次他問母親：「讀書這麼辛苦，為什麼要讀書呢？」母親回答：「為了做官。」

師又問：「做什麼樣的官才算到頂呢？」母親回答：「從小官開始做起，一直做到宰相。」

師又問：「做了宰相又能怎麼樣呢？」母親一時間回答不出來，半天才說：「那就罷了。」

憨山師不由得悵然若失，嘆息說：「可惜讀書一生辛苦，到頭來也只是『罷了』而已，這有什麼意思呢？我只想做個不『罷了』的！」

母親聽了很不高興，斥責他說：「像你這種不喜歡讀書的孩子，將來恐怕不能光宗耀祖，只能做個掛搭僧吧！」

憨山師對「掛搭僧」三個字感到好奇，就問：「什麼是掛搭僧？做掛搭僧有什麼好處嗎？」母親說：「掛搭僧是佛弟子，是游方和尚，隨處經行，足跡遍及天下，自由自在地想去哪裡就去哪裡；不管到何處，都有人們供養他們。」

憨師聽了之後，高興地說：「做這個恰好！」母親搖搖頭說：「掛搭僧聽起來自由自在，可是只怕你沒有福氣做呢！」

憨師奇怪地說：「掛搭僧有什麼難做的呢？為什麼還需要福氣才能做？」母親回答說：「這個世間，做狀元的經常有，但是出家成佛作祖的，哪裡常有呢？」

憨師心裡一動，不由得問道：「我有這分福報，只怕將來母親捨不得讓我出家啊！」母親回答說：「如果你真的有這分福報，我肯定會同意你出家的。」

憨師點點頭，暗自把這些話牢牢記下來。

憨山師十一歲的時候，在家門口偶然看到幾個肩挑著瓢、笠等隨身物品的行腳僧人路過，就問母親：「這是些什麼人？」母親回答說：「這是行腳的掛搭僧。」憨師聽了心裡暗暗高興，一直盯著僧人們看。

僧人們走到門前的樹下，放下肩膀上挑的東西，然後向他母親問訊化齋。母親急忙請他們坐下，然後忙著去烹茶煮飯，對僧人們非常恭敬。

行腳僧用過齋飯之後，挑起擔子，也不說感謝的話，只是單手向他們問訊致謝。母親見了急忙避開，不受僧人的謝禮，並恭敬地向僧人們說：「勿謝。」

僧人們便離開走了。

當行腳僧人去遠之後，憨師疑惑不解地問母親：「您不是常教導我要知書達禮嗎？為什麼這些僧人用過了齋飯，連一句感謝的話不說就走了呢？」

母親回答：「如果我們接受了僧人們的感謝，我們就求不到福了。」憨師若有所悟，心裡想：「這樣看來，僧人似乎是這個世界上最崇高的人了。」之後，憨山師常想起這事，並發下了出家修行的志願；只是，因為暫時還沒有找到出家的門路，所以依舊在本地求學。

## 關於「供養」

供養三寶是種植福田的重要方式。三寶指的是「佛、法、僧」三寶，行腳的掛搭僧屬於僧寶。依佛教思想，以財物等供養僧人，是行善積德、種植福田的重要方式；釋迦牟尼佛在世的時候，不僅向富貴人家化緣，也向貧苦人家化緣，讓貧苦人家也有種植福田的機會。這種供養的習俗，一直流傳至今。

## 依止西林和尚出家

隨著年齡的增長，憨山師對於人生有了一定的閱歷，人情世故也日漸瞭解。或許是宿世善根深厚的緣故，使得他對於人情往來、世間娛樂都不感興趣，性格越來越顯得清淨淡泊；乃至於對於人世間最大的情欲——男女之情，也不感興趣。憨師十二歲的時候，父親準備替他訂下婚事，他堅決反對；父親拗不過他，只得作罷。

憨山師十二歲這一年，有一天偶然聽到金陵的一位僧人說：「金陵報恩寺的住持西林和尚，一生修行，道德頗高。」憨師便發心想跟隨西林和尚修學佛法。報恩寺，即三國時創建之建初寺，位於今南京秦淮區，是孫吳時期江東首座寺廟、繼洛陽白馬寺之後的中國第二座寺廟。建初寺是佛教初傳江東的標誌，原寺後毀於戰火；然而，在建初寺的遺址上，歷代不斷有建立新的寺廟，寺名也屢屢更易：晉為長干寺、南朝陳為報恩寺、宋改天禧寺、元改慈恩旌忠教寺、明為大報恩寺，屢廢屢建，生生不息。

當憨師把想出家學佛的想法告訴父親時，遭到父親拒絕，只得又去求母親。母親非常通情達理，又因曾經在憨師生病時向觀世音菩薩許願，於是對憨師的父親說：「養育兒女的目的是期望他獲得真正的成就，既然他有這樣崇高的志願，我們做父母的應該讓他去實現。」

在母親的勸說下，父親也同意了。於是，就在十月的某一天，父母把憨師送到報恩寺去。

憨山師來到報恩寺，許多人見到他的言談舉止後，都非常讚歎，認為將來必有成就。住持西林和尚在方丈室裡接見了他，滿心歡喜地說：「這孩子氣宇非凡，如果僅做一名俗僧，那就太可惜了！我先請老師教他讀書，看他成就如何再說。」

禪宗名宿無極大師當時正在開法會講道，西林和尚便帶著憨師前去拜見。會面時，大學士（輔助皇帝的高級祕書官）趙大洲也在旁，一見憨山師就歡喜地說：「這孩子將來當為人天師表。」又撫摸著憨師的頭說：「你愛做官，還是愛做佛？」憨師立刻回答說：「愛做佛！」趙大洲對西林和尚與無極大師說：「這孩子可不是凡夫俗子，應該好好地培養他，將來必有大成。」

就這樣，在前輩的關心和重視下，憨山師踏上了最有意義的學佛之路。憨師的第一課，就是參加無極大師主講的法會；當時雖然還聽不大懂，但心裡卻覺得似有所知，只是無法形容罷了。

當時有一位雪浪師（雪浪洪恩），年齡比憨山師大一歲，先一年依止無極大師出家。他和憨師很談得來，非常親密，別人還以為雪浪師和憨山師是同胞兄弟。當時，江南開始講解佛法，自無極大師開始；少年皈依佛門，則自雪浪師開始。

## 雪浪洪恩

雪浪法師，名洪恩，字三懷，號雪浪，上元（今南京）人。十二歲在南京大報恩寺披剃為僧，受業於無極湛法師。「雪浪」之號，源自寶華山隆昌寺的雪浪山。

雪浪法師姿容莊嚴、聰慧絕倫，多通經論。受具足戒後，虔修禪法；至於儒書經史、筮卜方技，莫不通達，而獨好《華嚴》圓頓之學，為明朝弘傳華嚴學之一代詩僧。

生平不設大座、不事訓詁，但能提綱挈領、方便善解、開示奧義。又工詩，被稱為江南第一詩僧；並善書能文，在禪林文壇久享盛譽。在義大利教士利瑪竇的著作裡，也記載著與雪浪法師的交往辯論。明萬曆三十六年（一六〇七年）圓寂，享壽六十三歲。著作《雪浪集》存世。

聽完無極大師的講經法會後，西林和尚就選擇了徒孫中最有學問的幾個人專門負責教育憨山師。先學習的是《法華經》；此經為鳩摩羅什所譯，是說明三乘方便、一乘真實的經典，乃是天台宗立說的主要經典；憨山師僅學了三個月，便能流暢地背誦。又認真地學了兩年，一般流通的經論都能夠純熟地背誦。

西林和尚見憨師進步很快，非常高興地說：「這孩子可教，不可誤了他的光陰。」和尚毫無門戶之見，延請精通儒學的老師開立書館，教育憨師及其他小沙彌。

老師讓憨山師先學習科舉的必修課「四書」與「五經」，後又學習了諸子百家的學說，如《左傳》、《史記》以及古文詩詞賦等，真是無所不學、無所不讀。

這樣跟著老師學習了三年，憨山師學了「四書」、「五經」等大量作品，而且能夠賦詩作文。大家見他進步很快，學識廣博，都非常看重他。

## 四書、五經

憨山大師在教內提倡禪淨雙修，對於禪宗、淨土宗都有甚大影響。教外則提倡儒釋道三教合一，也寫了不少注釋儒家、道家經典的著作，對於儒、道二家之學也有所影響。

其原因就在於小時候學過「四書」、「五經」以及諸子百家之說。「四書」指的是《大學》、《中庸》、《論語》、《孟子》，「五經」指的是《詩經》、《尚書》、《禮記》、《周易》、《春秋》五部；其中，《禮記》通常包括「三禮」，即《儀禮》、《周禮》、《禮記》。《春秋》由於文字過於簡略，通常與解釋《春秋》的《左傳》、《公羊傳》、《穀梁傳》分別合刊。「四書」之名始於宋朝，「五經」之名始於漢武帝。

憨山師十八歲的時候，官方的督學至書館講授道學，卻讓他們這些還沒有考中秀才的童生一起唱歌，似是藉此挑選賞識之人，其中不乏因為歌唱得好而被督學青睞者。

憨師對於這種辱沒讀書人的舉止非常厭惡，感到羞恥，於是不再入館讀書，亦打算放棄科舉考試。

明嘉靖四十三年（一五六四年），憨山師十九歲時遇到了前來拜訪西林和尚的棲霞山雲谷大師。當時，憨師的很多同學在科舉考試中都取得優異成績，就有許多人勸他也去應試。

雲谷大師聽說之後，惟恐他也有應試的念頭，就竭力對他開示出世解脫與明悟心地的高深玄理，又例舉了《傳燈錄》以及《高僧傳》中的諸位祖師修行證果的殊勝因緣，並叫他去閱讀古德遺著。

## 《景德傳燈錄》

是宋真宗年間釋道原所撰之禪宗史。其書集錄自過去七佛及歷代禪宗諸祖五家五十二世、共一千七百零一人之傳燈法系。

所謂「燈錄」，是介於僧傳與語錄之間的一種文體，為禪宗首創。與僧傳相比，它略於記行、詳於記言；與語錄相比，它擷取語錄之精要，又按照授受傳承的世系編列，相當於史籍中的譜錄。換言之，傳燈錄是某種禪宗的思想發展史。

## 《高僧傳》

是關於佛教高僧生平事蹟的記錄。中國歷史上以《高僧傳》命名的佛教典籍共有以下四種：梁代慧皎所編之《高僧傳》十四卷，又稱《梁高僧傳》，簡稱《梁傳》或《皎傳》；唐代道宣所編之《高僧傳》三十卷，又稱《續高僧傳》或《唐高僧傳》；宋代贊寧所編之《高僧傳》三十卷，又稱《宋高僧傳》或《大宋高僧傳》；明代如惺所編之《高僧傳》八卷，又稱《明高僧傳》或《大明高僧傳》。後來，清末的南京金陵刻經處將以上分別編為《高僧傳》初集、二集、三集、四集出版發行。



雲谷大師是禪門中的正法眼藏，憨山師一向對他十分敬重；聽了他的指點之後，就到藏經樓去拜讀經典。

憨山師在書笥裡尋得一本《中峰廣錄》，認真閱讀起來。這本書還沒有讀完，內心就非常欣慰地想：「這是能出離生死無常的參禪法門，正是我所期望的啊！」從此以後，憨山師便立志修習佛法，脫離生死苦海，對科舉的事不再動心了。

聽了雲谷大師的開示之後，過了幾天，憨山師便於西林和尚門下剃度，真正成為出家的佛弟子，並受賜法號「德清」。接著，他把以前所寫的文學作品全部燒掉，以絕留戀之情，專心於佛法修行。

## 中峰明本禪師

中峰明本（西元一二六三至一三二三年），元朝高僧，南宋高峰妙禪師法嗣。他有時住庵，有時住船，到處稱其所居為「幻住」。丞相脫歡和翰林學士趙孟頫等多從他問法；仁宗時，高麗王子王璋特往參謁，明本作《真際說》開示之。遺著有《幻住庵清規》、《山房夜話》及《語錄》等，收於《天目中峰和尚廣錄》，元代編入大藏經中通行。嗣法弟子天如惟則、千岩元長等，皆為宗匠。

《中峰和尚廣錄》三十卷，元中峰明本撰，北庭慈寂等編，詳稱《天目中峰和尚廣錄》。全書除廣引《華嚴》、《法華》、《圓覺》、《首楞嚴》、《涅槃》、《維摩》、《楞伽》、《金剛般若》等經，以及《信心銘》、《碧巖集》、《宗鏡錄》等書之外，還引用鳩摩羅什、天台、傅大士、賢首及荊溪等人之所說，且言及達摩、惠能、臨濟、黃檗、趙州、百丈、雪峰、溈山、洞山、德山、玄沙、汾陽、楊岐、慈明等禪僧之語句，是禪宗修行的重要經典。與這些佛教法寶相比，世間科舉之書確實味如雞肋。

## 了悟法界圓融無盡之理

憨山師修了一段時間禪門方法之後，總感到自己沒有能夠參窮宗旨，於是又試用專心持念阿彌陀佛名號的方法。

當憨師日夜不斷地念了幾天後，忽然在某夜，夢見阿彌陀佛現在空中，位置正當日落的地方；夢中見到的佛，相好莊嚴和無邊光明都非常清楚，憨師虔誠地行了接足禮，內心感動不已。他又生起親見觀世音菩薩和大勢至菩薩之願，二尊菩薩也立即現出了莊嚴法相。

從這一夢後，西方三聖就時常在眼前浮現；憨山師於是增強了信心，認為自己的修行一定會成功的。

到了冬天的時候，報恩寺舉辦了講經法會，請無極大師講《華嚴玄談》。憨山師這時已經受具足戒，並隨眾聽大師講解。

當憨師聽到十玄門中「法界海印，森羅常住」時，恍然了悟法界圓融無盡的道理。他由深邃的文字聯想到作者，內心就更加欽慕清涼澄觀大師的道風。

以「澄觀」及「海印」為義，憨師取了「澄印」為字（別名），並把自己的想法和「澄印」之字請無極大師指正。無極大師問他：「你有志願入這個法門嗎？」他答道：「有。」大師對他的志願很讚賞。後人亦常以「印師」或「印公」稱呼憨山師，便緣於其表字「澄印」。

憨山師並嚮往澄觀大師長期修行著述的佛教名山、傳說為文殊菩薩道場——山西五臺山。他由書中讀到對於五臺山的形容：「冬積堅冰，夏仍飛雪，曾無炎暑，故號清涼。」自此以後，無論來往做事，五臺山的冰雪之境居然常現在眼前，憨山師嚮往清涼五臺的心念因此更加堅固，發願住在其中修行，這也為憨師種下了將來遊歷五臺山、自號「憨山」的因緣。

這時，憨師對世間名利已經沒有任何留戀之心。



《華嚴玄談》

為澄觀大師所著。澄觀（西元七三七至八三八年），世稱清涼澄觀，漢傳佛教華嚴宗高僧，常駐五臺山大華嚴寺。澄觀大師身歷九朝，先後為七帝講經，畢生闡揚華嚴義理，曾宣講《華嚴經》達五十遍之多，著有《華嚴經疏》等四百餘卷，有「華嚴疏主」、「華嚴菩薩」之稱。

「十玄門」為華嚴義理，又名十玄緣起，華嚴宗所立，乃是開顯四種法界中「事事無礙法界」之相；能通此義，則可入於華嚴大經之玄海，故名玄門。又，此十玄妙法，互為緣而起他，故曰緣起。即：同時具足相應門、廣狹自在無礙門、一多相容不同門、諸法相即自在門、隱密顯了俱成門、微細相容安立門、因陀羅網法界門、托事顯法生解門、十世隔法異成門、主伴圓明具德門。

在年底的最後一天，西林和尚召集大眾說：「我年齡已經八十三歲了，早晚有一天要去的。我一生剃度弟子八十餘人，沒有一人能擔負我的弘法大業。」他頓了頓，撫摸著憨山師的背說：「這個年輕人宿根深厚，我期望他能成為佛門的龍象，可惜我看不到他的成就了。他年齡雖還輕，卻已具有老成的見地；我去世後，凡殿堂房門等大小事務，都得聽從他的安排，不要認為他年紀輕而輕視他。」大眾在一片悲戚中接受了西林和尚的咐囑。

嘉靖四十四年（一五六五），新年初七，西林和尚穿起戒衣，巡遍了全寺的寮房，並向大眾訣別；大眾見西林和尚的身體仍很健康，不像要離開世間的樣子，都感到十分驚訝。

又過了三天，西林和尚囑咐弟子安排後事，略示微疾。弟子端藥給他，他對弟子說：「我就要去了，藥物對我又有什麼用處呢？」接著他聚集了大眾，念佛五晝夜。到了正月十六日，西林和尚提念珠，結跏趺坐，安詳而逝。

憨山師的第一位啟蒙導師，很自在地離開了人間。

## 關於「善終」

華人有「五福臨門」之說。所謂五福，如《書經・洪範》上所說：「一曰壽，二曰富，三曰康寧，四曰攸好德，五曰考終命。」通俗地說，這五福指的便是長壽、富貴、健康、有仁德、善終。其中，善終是人生最後一著，非常難得，因為許多人都未得善終，甚至死於非命。

佛教高僧往往修行有成，能夠預知時至，即提前知道自己什麼時候離開世間，到時候即安詳而逝，往生淨土。這是「考終命」的最好結果。

# 第二章　雲遊參學，徹悟心性

一日粥罷經行，忽立定，不見身心，唯一大光明藏，圓滿湛寂，如大圓鏡，山河大地影現其中。及覺則朗然，自覓身心，了不可得。

西林和尚圓寂後，由其弟子艮山和尚接任報恩寺住持。就在這一年，雲谷大師在天界寺（明代知名禪宗道場）舉辦了一期盛大的禪七專修活動，召集了全國名德高僧五十三人，弘揚禪宗法門。

憨山師聽到這一消息非常高興；能夠和許多名德高僧在一處參禪，這是一件多麼難得的幸事啊！雲谷大師向來對憨師非常器重，極力推薦憨師前往參加；憨師請示過艮山和尚並獲得同意後，欣然前往天界寺。

## 宿業化疾

憨山師在禪堂裡開始用功時，因為不知道如何修行用功的方法，心不能安，覺得很苦悶。為了弄清參禪的下手功夫，他恭敬地來到雲谷大師面前拈香禮拜，然後請求開示參禪的方法。

雲谷大師見他有念佛的經歷，便對他指示了念佛公案，即以一句「阿彌陀佛」名號為參究對象。聽了雲谷大師的開示，他就一心參究這一句佛號。念念專注，三個月中竟然如在夢中一般，不見有在一起的同修大眾，也不知有日常生活起居之事。同修的大眾都讚歎他有恆心與志氣。

修行用功太急了也會生病。憨山師用功已經得力，於是越來越勇猛精進；由於操之過急，以致發了背疽，紅腫了很大一塊，疼痛異常。雲谷大師見了也覺得不好辦。

憨師覺得，這可能是往昔宿業所發惡疾，於是便鄭重地穿起袈裟，誠懇地在護法神韋陀菩薩前祈禱說：「我之所以會發生這樣的背疽，一定是宿世怨業來索前債，我願讀誦《華嚴經》十部來消除宿業。請菩薩加被，使我在禪七的最後三個月裡勿發生病苦，以完成這次修持功德，過後即誦經還願消業。」

在菩薩前祈禱後，到了半夜，憨山師覺得身體非常疲倦，一上禪床就呼呼熟睡。當早晨的鐘板響起時，他依然在熟睡中；等他一覺醒來，天已大明，往後背一摸，發現背疽已經平復了。

後來，雲谷大師見了他問：「你的病怎樣了？」他高興地說：「疽病已痊癒了。」雲谷大師掀起他的衣衫一看，果然已平復如初，在座大眾都驚歎不已。

## 關於《華嚴經》

《華嚴經》，全名《大方廣佛華嚴經》（梵語 mahā-vaipulya-buddhâvataṃsaka-sūtra），被大乘諸宗奉為「諸經之王」、「諸經中寶」，據稱是釋迦牟尼佛成道後，為文殊菩薩、普賢菩薩等菩薩宣說佛陀所證得之不可思議解脫境界。

《大方廣佛華嚴經》一經的要旨，便包含在經名中。「大」乃包含之義，「方」為軌範之義，「廣」，即周遍之義；因一心法界之體用廣大無邊，故稱為「大方廣」。「佛」即證入大方廣無盡法界者，「華」是成就萬德圓備之果體的因行譬喻，「嚴」即開演因位之萬行，以嚴飾佛果之深義，此為佛華嚴。

如來於本經宣以說菩薩以菩提心為因而修諸行，因此得以頓入佛地的因果，顯示心性含攝無量、緣起無盡、時空行願等相涉相入、無礙無盡的理境，及佛果地無際無礙、莊嚴無比的勝境。中國華嚴宗便是以本經為所依之根本經典，開顯「事事無礙法界」之圓融無礙境界。

明末四大高僧之一的蓮池大師說：「華嚴見無量門，諸大乘經猶華嚴無量門中之一門耳。」憨山大師則說：「不讀《華嚴》，不知佛家之富貴。」之所以稱其「富貴」，不僅因本經攝無量法門，亦因其彰顯了佛心、眾生心之無量、無盡、無礙。

唐代實叉難陀所譯之四萬五千頌的《八十華嚴》（八十卷），為今日最流通的版本。

憨山師因修行精進之故而生了背疽；又因為發願讀誦《華嚴經》消除宿業，而令背疽平復。這聽起來似乎很不可思議，但其實是可以合理解釋的。因為佛性不生不滅，對於每個人來說都帶有前世的善惡因緣；即便是高僧應世修行，也有前世業障，因為修行而使得這些業障在今世顯發出來，往往示現為各種疾病。憨山師的祈禱發願，便是以今世的善業來消除往昔的業障；再加上至誠感通，獲得佛菩薩的加持，便能夠暫時讓背疽平復。不過，這個背疽仍舊不時困擾著憨山師，直到四十八年後才徹底消失。

進而言之，憨師的背疽顯發並非壞事；因為，如果不修行，臨終之時業障現前，就不是生發背疽的問題，而可能是直落三惡道、受無盡痛苦了；這也是前世罪業轉為今世輕報（重罪輕報）的意思。如《大慈恩寺三藏法師傳》中記載，玄奘大師臨終有病，大師懷疑自己翻譯的佛經有疏漏，護法神安慰他說：「師從無始以來所有損惱有情諸有惡業，因今小疾並得消除，應生欣慶。」又如西林和尚坐化之前，也略示微疾；本師釋迦牟尼佛入涅槃之時，也略示背疾。這也是告誡弟子們，不要執著於肉體苦樂，要注重精神修養。

禪七的最後三個月非常順利。結束禪七之後，憨師走出禪堂，他的心境仍舊還是像在禪七裡一樣，非常寧靜；出門在外時，也好像並未離開禪座一般；即使行走在鬧市中，也彷佛看不到任何人，絲毫不受環境擾動。

當時，江南一帶的禪宗道場，自經雲谷大師的提倡才開始興盛起來。但僧眾中著力修習禪法的不多，提倡和發揚禪宗法門的就更少了。惟有憨山師承雲谷大師之旨，力究「向上一著」。此外，當時寺院裡的僧人服裝大都隨世俗的習慣，喜歡穿色彩豔麗的服飾；憨山師不迎合世俗的見解，只是根據戒律上的要求和古德們的訓誡，尋了一件普通的衲衣穿著；不理解他的人們，反而覺得這有些怪僻。

## 結識妙峰師

第二年，即明嘉靖四十五年（一五六六年），憨山師二十一歲。在二月二十八日的中午，下起了傾盆大雨，忽然一聲巨雷從報恩寺著名的五彩琉璃塔頂打下，塔殿裡頓時燃起了熊熊烈火，片刻之間就燒著了大雄寶殿。火一直燒到傍晚時分，一百四十多間殿堂和畫廊，幾乎都化為灰燼。

住持艮山和尚將此情況上奏朝廷，皇上認為沒有及時撲滅大火，應由寺院承擔全部責任。於是降罪下來，逮捕了艮山和尚等十八人。住在寺中的僧人害怕受到牽連，紛紛離去，留下的一些執事僧再也無人商議事務了。

在這大廈將傾的關鍵時刻，憨山師挺身而出，毅然承擔了寺院的一切事務，並且盡力解救厄難。不顧寺院到刑部有二十里之遙，他身背飯菜送到牢獄中供給被捕的人，來回奔波了三個月；為了救他們出獄，多方設法，最後才使住持等人免於死罪。

這時，雪浪師過來看望憨山師。憨山師和他談起復興寺院時說：「要復興這座規模宏大的寺院，若不具備大福德、大智慧，是不容易成功的。我們應該拚命修行、涵養德行，以促使因緣具足。」雪浪師十分贊同，也發誓重興寺院。

不久，艮山和尚又逝世了，西林和尚的遺業再也無人繼承。因西林和尚平素沒有積蓄，喪事等一切費用都是借貸來的，所以欠了許多債；如拿寺產抵償，勢必使江南名剎毀於一旦。

憨山師想起了西林和尚的遺囑，決心保護寺產。他想方設法償還了所有借貸，又用一部分資金來維持寺院裡的生活，這才使報恩寺保存了下來。

這年冬天，憨山師到天界寺聽無極大師講解《法華經》。因為立志行腳參學，所以在聽經期間，經常留意在僧眾中尋找戒行優秀的同道作為修行道侶；可是過了很久，還是未能尋得一位理想的同道。

某一天，憨山師見到寺廟淨房（廁所）的後架非常清潔，覺得打掃廁所的僧人（淨頭）一定不是尋常之人，於是到客房去詢問。見到這位淨頭時，卻是一位面色黃腫、似乎有病的僧人，心裡便覺得有些奇怪。

憨山師每天早上起來上淨房，總早已打掃得乾乾淨淨，不知道是什麼時候打掃的。憨師想探個究竟，便在某天晚上功課結束後，在經行的走廊下暗自窺察。只見這位面色黃腫的僧人在眾人功課結束前，就已經把淨房收拾乾淨了。

又過了幾日，憨山師發現淨房不再清潔，也不見淨頭出來；一問執事僧，才知道淨頭病倒了。

憨山師去看望他，見他病情嚴重，便關心地問：「您身體覺得怎麼樣，身心還安定吧？」淨頭回答：「身體被業障纏縛，已難以放下了，嘴饞的念頭更令人難以忍受。」憨師問他為何如此，他說：「我看見大家過齋，恨不能把吃齋的念頭一齊放下，可惜放不下啊！」憨師笑著說：「這是久病思食啊！」

從這次接觸後，憨山師知道此人是有真實修行的，因此回去準備了一些果餅供養他，並請教他的法號，才知道淨頭是蒲州（今山西永濟）人，法號妙峰。

憨師便與妙峰師相約一起結伴行腳參學，妙峰師欣然答應，並對憨師說：「您有這志願，行腳時我願替你背負草鞋，住山時我願供給你柴水。」

不久，妙峰師病癒了；憨山師再去看望時，卻發現妙峰師早已不知去向了。憨師知道妙峰師因參禪的大事未了，怕受牽擾，因此默默離去。

## 復興青原寺

為了「賺錢」還債及復興報恩寺，憨山師從二十二歲到二十五歲這幾年從事僧眾的教育事業。

隆慶元年，憨山師二十二歲，與報恩寺眾僧推舉虛谷和尚為住持。這年，朝廷教育部門下了檄文，在報恩寺設立義學專門培養僧徒，並請憨師擔任教師；當時受學的少年僧徒有一百五十多人。為此，憨師重拾了諸子百家和《左傳》、《史記》等學問。第二年，高座寺又請憨大師去任教。以後的兩年又應聘到金山寺教課。

總之，憨山師在二十二至二十五歲這幾年是在匆忙的僧徒教育中度過的。經過幾年的辛苦，雖然還無法重建報恩寺，卻總算償清了債務。

無債一身輕，憨山師便動了遠行參學的念頭。明隆慶五年辛未（一五七一年），二十六歲的憨山師在雪浪師建議下，兩人偕同遊學廬山。

到了南康，聽當地人說山中老虎作亂，不便登山；於是便冒著風雪抵達吉安，參拜青原寺，其為六祖惠能弟子青原行思禪師之道場。憨師看見青原寺衰殘得不堪入目，寺中清規早失，僧人都留起鬚髮，不由得內心慨嘆，決心復興這座寺院。

憨師來到人們經常過往的路口說：「年齡如果在四十歲以下、願意出家修行的，都可到青原寺落髮為僧。」在他的感召下，有四十多人出家為僧。憨山師又整頓了原來在寺的僧眾，使之言行舉止符合寺院清規，建立了清淨的僧伽團體。青原寺從此又恢復了原貌。

到了夏季，憨山師從青原寺返歸報恩寺料理寺務。他把寺中事務安排妥善後，已是十一月了，這時才著手準備北上遠遊參學的志願。

雪浪師表示反對，惟恐憨師不能耐受遠遊的艱難和寒冷；勸他先遊浙江、江蘇一帶，因為這一帶氣候溫和，多是山水勝地，風景秀麗，可供觀賞。

憨山師卻認為：「眾生的習氣都貪愛溫暖，喜歡那些賞心悅目的境界；如果想了生死、斷煩惱，一定要艱苦鍛煉，到習氣無法放縱的地方去，才容易制伏煩惱習氣啊！若只徘徊在江、浙一帶，不是近在枕席之間嗎？那對於修行來說又有什麼意義呢？」雪浪師聽憨山師說得在理，只得勉強贊同；不過，還是以諸般理由留住憨師。

不得已，憨山師某一天便以請雪浪師協助募旅費為藉口將他支開，隨即獨自出發雲遊。

## 第一次乞食

第二年，憨山師一人托缽到了揚州；因被大雪所阻，又生了一場病，只得暫住下來。過了一些時候，憨師病已好轉，便托缽到街市乞食。

然而，當他走到人家門外，只是來回徘徊，卻難以開口乞討飯食。憨師心裡思忖：這是什麼緣故呢？一摸腰包，裡頭還有二錢銀子，便趕緊反省：「原來是因為還有這些銀子可以依靠，所以放不下面子呀！」

這時，他看見雪中有僧人行乞而得不到食物，便毫不猶豫地把他們邀到客店裡，拿出僅有的銀子與大家共食。

第二天，憨師又上街托缽乞食，走到人家門口時很自然地便向人家乞討，因此得到了食物。他暗自高興地想：「終於放下了我執！這樣的力量足以輕視家財萬鐘的富翁啊！」於是，他在鉢上刻下了「輕萬鐘之具」的銘字，稱自己的衲衣為「輕天下之具」，並作了一銘：

爾委我以形，我托爾以心；然一身固因之而足，萬物實以之而輕。方將曳長袖之風，披白雪之襟。其舉也，若鴻鵠之翼；其逸也，若潛龍之鱗。逍遙宇宙，去住山林。又奚炫夫朱紫之麗，唯取尚乎霜雪之所不能侵。

在這首銘裡，憨山師完全展現出他擯棄世間富貴、飄然出塵、淡泊高遠的情操和志向。

## 重逢妙峰師

這年七月，憨山師來到京城（今北京），因沒有投足之地，只得從早到晚行乞街市；不過，直到傍晚時分竟沒有得到一點食物。天將黑的時候，他信步走到一處茶棚，在這裡得到一餐的飲食，晚上就在附近的河漕遺教寺過夜。

第二天，憨師青年時的同學汪仲淹的哥哥汪伯玉，時任朝廷左司馬；他聽說憨師來京，就特地來邀至家裡住了十日。

之後，憨山師拜謁摩訶忠禪師，又隨忠禪師到西山聽《妙宗鈔》。憨山師在西山寫了〈西山懷恩兄詩〉。聽經結束後，忠禪師留他過冬，並聽受了《法華經》、《成唯識論》，又請安法師講解法相唯識宗因明學三支比量的內涵。

## 《觀無量壽佛經疏妙宗鈔》

略稱為《觀經疏妙宗鈔》或《妙宗鈔》，為北宋天台宗祖師四明知禮（西元九六〇至一〇二八年）晚年力作。其內容囊括天台宗山家全部之義理，且書中以天台圓宗詮釋淨土教義，融合天台圓頓教觀與淨土念佛行門，確立「教演天台，行歸淨土」之修學方向。

## 因明學三支比量

即「宗、因、喻」三者，為因明學（古印度的邏輯學）所講，是在與人辯論時所採用的辯論元素及程序。

在辯論時，首先立出自己的「宗義」（主旨），再用「因」來說明自己所以要立此主旨的原因或理由；然後，再拿大家所共同承認的事物來作「譬喻」，藉以證明自己的立論無誤。

十一月的某一天，西山來了一位頭留長髮、身穿褐衣的人，站在憨山師的門前高聲喊道：「有鹽客（鹽商）相訪。」便逕自走進門去。一見憨師就問：「還認得我嗎？」憨師仔細端詳了一會兒，看見他炯炯有神的雙眼時，才忽然記起了曾在天界寺當淨頭的妙峰師，就說：「認得。」

妙峰師風趣地說：「改頭換面了呀！」意思是說他現在面目衣著與以前完

全不一樣了。憨師也幽默地回答：「本來面目尚在。」這是一語雙關，即說妙峰本人尚在，還說佛性不變。兩人相對一笑，默契於心。

第二天，妙峰師來問訊，晚上兩人促膝談心，憨山師這才問起他為什麼這樣打扮。妙峰師回答：「我現住山陰龍華寺；因長期住在山林之間，所以鬚髮長了也沒法剪。不久前施主在山陰殿下修建一座梵宇，要我請一部藏經，因此才來到這裡。」

憨山師說：「我一來為了找尋你，二來為了參究天下善知識，以絕他日的妄想，所以遊歷四方。」妙峰師說：「我與你分別後，時時思念，以為無緣相會了。這次幸而來此，和你才得一見。」這樣談了一夜，第二天早晨一笑而別。

憨山師又獨自一人去參訪遍融大師。進門頂禮後，即恭請遍融大師指示禪宗的向上功夫。遍融大師不說一句話，只用兩眼直瞪著他而已。

接著，憨山師又去參訪笑岩禪師。禪師問：「你從何處而來？」憨師答道：「南方來。」禪師又問：「你記得來時路嗎？」憨師說：「一走過便一切不管了。」禪師讚歎道：「你卻來處分明。」憨師即向笑岩禪師頂禮，然後侍立在旁請益。笑岩禪師對他開示了一番「向上一著」的法語。

## 五臺禪修

明萬曆元年（一五七三年），憨山師二十八歲時，想到五臺山去遊學，便先尋了一本《清涼傳》，按照書中記述的事蹟和位置決定登山的方向。

這正是春氣初發的時節，憨山師先登上北臺；因已知其中的憨山環境清幽，便沿途打聽憨山的去向。他在僧人的指點下到了憨山，看見山色奇秀，非常高興。這時，憨山師便寫了一首詩，表達立志要在五臺山修行的決心。其中有二句是這樣的：

遮莫從人去，聊將此息機。

「遮莫」，就是不必；「息機」，就是熄滅機心，即熄滅妄想聰辯之心。這兩句詩的意思是，不必人云亦云，跟在別人的腳步後面亦步亦趨，被別人的評論所左右；要熄滅一切妄念執著和爭辯聰明之心，處處顯明一顆直心。

從此，憨師便在自己的名字前加上「憨山」二字以表明心跡：自己就如憨山一樣憨態可掬、大智若愚，不在乎別人的讚美或毀譽，直道而行，以直心為道場。「憨山」一名亦成為後人對師之慣稱。

雖然憨山的山勢奇秀，但因山中氣候異常寒冷，暫時無法住下修行，憨師只得又折回京都，東遊參學。

在遊五臺的過程中，某日，憨山師遊到盤山千像峰；登上盤山頂時，見山頂旁的石岩旁住著一位隱者，灰色的頭髮、土色的顏面。憨師進去向他作禮，可他頭也不抬，只是凝心端坐，問他什麼話，也不哼一聲。憨山師意識到這隱者非同一般，就在旁邊打起坐來。

過了一會兒，隱者起來燒茶，燒開後就倒了一杯自飲，憨山師見了也端了一杯喝。喝完茶，隱者把茶具放回原處，依舊默不作聲地打起坐來，憨師也跟著他做。又過了一會兒，隱者起來做飯，做好後就盛了一碗自顧自在地吃起來，憨師也盛了一碗與他同吃。飯後，隱者又端坐如故，憨師也照著端坐。到了夜晚，隱者起身到山岩外經行，憨師也跟他一起經行。

第二天，隱者就不再起身了。憨山師便按著前一天隱者的茶飯時間，準時燒茶做飯，兩人吃後又依然靜坐參究，入夜又同去經行。

這樣在寂然無聲中一直度過了七日，隱者這才開口問憨山師：「你從哪兒來？」憨師回答：「南方來。」隱者問：「來這裡作什麼？」憨師回答：「特地來訪隱者。」隱者說：「隱者平凡如此，何必來尋？」憨師回答：「我一進門早已看破平凡了。」隱者聽了笑著說：「我住這裡三十多年，今日才遇到一個同修。」於是留憨師住下；憨師也感到遇上高人正好求學，也就住了下來。

有一天夜晚，憨師照例到岩前經行。在經行中，忽然頂門響起了轟隆之聲，猶如炸雷一般；瞬間，山河大地、身心世界，豁然頓空。憨師在這空定中，約過了五寸香的時間，才慢慢地感覺到身體的存在，又緩緩地感到腳下土地的堅實，睜開眼才慢慢見到山河大地。身體似乎有風托著，輕安愉快，無法形容。

憨師回到岩中，隱者問他：「你今晚經行，為何這樣長久？」憨師把經行中的境界一一告訴了他。隱者告誡說：「你還在色蘊境界中，不是本有的心性；我住這裡三十多年，除了陰雨風雪以外，每夜經行都有這樣的境界。如果你不執著在這境界上，就不會被它迷了本有的心性。」憨師聽了之後，很高興地作禮致謝。

## 關於「色蘊境界」

據《楞嚴經》所載，修禪定時，乃是就色受想行識五蘊次第進階，而有不同境界；而在不同階段，則各會有十種不同的「魔境」產生。

而所謂的色蘊境界，亦即色陰區宇，經中所載為：

阿難當知，汝坐道場，銷落諸念，其念若盡，則諸離念，一切精明，動靜不移，憶忘如一，當住此處，入三摩提，如明目人，處大幽暗，精性妙淨，心未發光，此則名為，色陰區宇。若目明朗，十方洞開，無復幽黯，名色陰盡。是人則能，超越劫濁。

對於每一蘊的境界，須無所執著，進一步突破，才能有所進境，不墮魔境。

此時，妙峰師已經請來了藏經，向汪伯玉詢問憨師的去向；汪伯玉隨即派人登盤山尋找，尋至岩中，向憨師轉述了妙峰師等候相見的迫切心情。

憨山師因與妙峰師有約在先，不得不去。當憨師拜辭隱者時，兩人都不忍離別，依依不捨。

# 名士慧眼

憨山師回到京城，妙峰師與汪伯玉都來迎接。他倆笑著對憨師說：「你怎麼過了這麼久才來啊？」憨師即向他倆敘述了盤山岩中遇隱者的經歷，汪伯玉聽後說：「你已有這樣的境界，住山的事應該可以了結了。」憨師說：「這不過是路途上的風光，到寶所還遠著呢！」這句話的意思是說，憨師目前所遇境界只是沿途風光，離大徹大悟、做人天導師尚遠。他倆聽後相對而笑。

憨山師回京城時已二十九歲，時當春季。當時的京城聚集著許多名士，他們德才兼備，又都信奉佛教，其中以王鳳洲和王麟洲二兄弟、汪伯玉與汪仲淹二兄弟、以及南海歐楨伯等較為聞名。

有一天，憨山師去訪王鳳洲，王鳳洲看他年齡輕，就不怎麼重視；憨師見他如此自大，就故意裝成很驕傲的樣子。王鳳洲教他作詩之法時，憨師只是瞪著眼睛，然後一句話不說就走了。王鳳洲感到很掃興，就對他弟弟說了這一情況。

第二天，王麟洲來訪大師，一見面就說：「昨夜家兄失去一隻眼。」暗示家兄王鳳洲有眼無珠，不識大師。憨師問：「你有一隻眼嗎？」王麟洲拱手道：「小子相見了啊！」兩人相對大笑。後來，王麟洲作了一首詩贈憨師，其中兩句為：「可知王逸少，名理讓支公」。

王逸少即王羲之，支公即支道林（支遁）。王羲之初見支道林時，並不把他放在眼裡；然而，當支道林弘論《莊子．逍遙遊》後，王羲之便放下了名士的架子，為之折服。言下之意，王麟洲是將憨師比喻為如支道林那樣的高僧。

還有一次，憨山師與汪仲淹聚在一起。汪正在看《左傳》，就對憨師說：「你天資聰敏，文學天賦也高，家兄是當代文學宗匠，您為什麼不向他學習，以期成一家之言呢？」大師聽了笑著說：「留取令兄的膝頭，他日拜老僧受西來之意呀！」這句話的意思是說，將來汪仲淹家兄會跪拜大師以明瞭心性，也暗示文學之類世俗學問不值鑽研。

汪仲淹聽了非常不高興，回去告訴家兄汪伯玉。汪伯玉卻說：「我相信印公（即憨師）！看他的道骨，以後一定能入大慧、中峰禪師之室，又怎麼會被區區文學羈絆呢？只怕他現在這樣浮泛地遊學，會誤了修道大事啊！」

某日，汪伯玉看到憨師給仲淹的扇頭詩，他指著「身世蜩雙翼，乾坤馬一毛」的兩句詩對其弟說：「你看，這哪裡是文字僧所作的詩呀！」

「身世蜩雙翼，乾坤馬一毛」這兩句詩的意思是：人這一輩子像蟬翼一樣無足輕重，這個世界也好比馬身上的一根毛般微不足道；暗示了憨師有飄然出塵之志。

過了不久，汪伯玉特備了素齋供養憨山師與妙峰師。他們邊吃邊談，伯玉說：「現在禪門寥落，後繼無人，的確值得我們擔憂，我心裡經常掛念的正是此事。」接著他又對憨師說：「我看您的氣度，將來成就一定不小；您為什麼不珍惜時間，努力振興禪門，而去浪遊天下呢？」

憨山師回答說：「貧僧特為生死大事，參訪諸善知識，故行腳天下。現在我之所以要見許多當代名士，為的是斷絕他日攀緣的妄想。」接著又說：「我並非浪遊，而是有目的，不久也將出發了。」

伯玉聽了贊同地說：「我相信您的作為！試觀現在的出家僧人，沒有一位可作您師父的；假使沒有妙峰師，也許您也尋不到同修的法侶了。」

憨山師說：「過去在法會眾中遇到了妙峰師，曾在那時結下了同參之盟，因此前來相尋，想不到會在這裡邂逅。」

伯玉讚歎說：「這真是奇妙的緣分啊！如果兩位大師真的付諸實踐，在下願竭力相助。」

後來，汪伯玉便送了妙峰師兩道勘合（明代官府印製的一種憑證，允許旅行者沿途使用驛站的證明）又寫了一篇文章贈憨山師。

妙峰師幾日後便啟程出發，憨山師卻未同行。汪伯玉覺得奇怪，便派人請憨師速速前去，一見面就詢問他：「妙峰師已經出發，您為什麼不一起去呢？」

憨師回答說：「我想暫留幾天再去。」

伯玉聽了不以為然，他說：「我知道您不願意隨別人的腳跟後頭轉，但這不一定對。古人不羞小節，而恥功名不顯於天下；既然您要作一番光大佛門的事業，又何必計較這區區小事呢？」

憨師聽了很受啟發，拜謝後決定和妙峰師同去。他立即動身趕到碼頭，看見妙峰師已經坐在船上，妙峰師問他：「師兄，你也去嗎？」憨師答道：「我也去。」即一同而去。

秋八月時節，憨山師來到嵩山少林寺，拜謁了漢地禪宗初祖達摩祖師遺跡。到了洛陽，觀看了焚經臺、白馬寺古城風貌。

## 禪宗初祖達摩

菩提達摩（Bodhidharma），南北朝禪僧，略稱達摩或達磨，意譯為「覺法」。據《續高僧傳》記述，達摩是南印度人，屬剎帝利種姓，通徹大乘佛法，為修習禪定者所推崇。

相傳達摩於六朝齊、梁間渡海東來，西元五二〇至五二六年前後到洛陽弘揚禪宗法門。因其禪法不為當時佛教界所重，乃於梁武帝普通七年（五二六年）渡海從廣州上岸，後於嵩山少林寺面壁九年，時人稱「壁觀婆羅門」，約魏末入寂於洛濱。下傳二祖慧可，後有三祖僧璨、四祖道信、五祖弘忍、六祖惠能。

## 焚經臺

據南北朝時期的《漢法本內傳》等佛教典籍記載，東漢永平十四年（西元七十一年）正月初一，五嶽道士向漢明帝上表，請求與佛教沙門鬥法，以「驗二教之優劣」。漢明帝同意後命人在洛陽白馬寺（佛教傳入中國後興建的第一座寺院）山門南築起兩座高臺。正月十五，雙方各自在高臺上焚燒經典，道經遇火多成灰燼，佛經卻遇火不燃，且有五色祥光照徹天空，令漢明帝及百官歎為觀止。

在這次鬥法中，沙門攝摩騰和竺法蘭大顯身手，令多人當場皈依，從此佛法漸興。明代〈重修白馬寺塔記〉碑文中也記載，「寺創於漢明帝時，西僧攝摩騰、竺法蘭焚經臺在焉。」

# 鼻孔原來向下

九月，憨山師抵河東與妙峰師和山陰王會面，山陰王挽留師過冬。當時山陰太守陳公準備刻印《肇論中吳集解》，請憨師校閱。

憨師以前對《肇論．物不遷論》中的「旋嵐偃嶽」的宗旨不明白，對箇中義理已存疑許久；現在又看到它，仍覺惘然。

當他閱到這一段：「梵志出家修行，到頭髮白了才回家，周圍的鄰居見了問：『過去的梵志還在嗎？』梵志回答說：『我和過去的梵志相似，但又不是過去的梵志了。』」這時，憨師恍然了悟了諸法不遷的道理，不由感歎地說：「這是值得深信的真理啊！一切萬事萬物在本體上說，本來沒有生滅去來，而是永遠常住的啊！」

憨師下了禪床去禮佛；只覺自己雖然一起一伏的禮拜，卻沒有起伏相可得。他揭開竹簾，走到臺階上站定，忽然一陣涼風吹拂著庭院中的樹葉，飛葉滿空，但是在憨師心中卻了無動相可得。憨師心下尋思，這不正是「旋嵐偃岳而常靜」的境界嗎？後來，他小解時也不見有流動相；他尋思，這不正如「江河競注而不流」嗎？

經此悟境，憨師對生來死去的疑團冰消瓦解，就作了一首偈表明內心所悟的道理：

死生晝夜，水流花謝；
今日乃知，鼻孔向下。

這首偈子非常知名，廣為流傳，後被世人稱之為憨山大師「悟道偈」之一。

第二天妙峰師來相見，見他氣色，便高興地問：「師兄，近來修行有所得嗎？」憨師回答說：「夜裡看見河邊兩頭鐵牛相鬥，都入水中去了，至今毫無消息。」妙峰師笑著說：「你住山有本錢了。」

不久後，山陰王請來牛頭法光禪師。憨山師對法光禪師久已慕名，一見面言談就十分相契。法光禪師對他開示了「離心意識參，超凡聖路學」的禪宗參究道理，深得箇中妙旨。這時憨師才知道，悟明心地的人，談吐果然與一般人不同，於是更加服膺法光禪師。

有一天，法光禪師在憨師的袋裡尋得幾篇詩句，讀後感歎地說：「這樣微妙的佳句，是怎樣做成的？」又笑著說：「好是好了，只是向上一著還欠通。」這句話的意思是說，向上一著至大徹大悟，憨師尚有所欠缺。

憨師聽了之後請教：「和尚那一著通了嗎？」禪師說：「三十年拿龍捉虎，今日草中走出兔子來嚇一跳。」憨師說：「和尚不是拿龍捉虎手。」

禪師聽了舉起拐杖想打大師，大師立即抓住拐杖，又用手捋他的鬍鬚說：

「說是兔子，恰是蝦蟆。」禪師一笑而去。

又有一天，法光禪師對憨山師說：「你不必到別處去，我們一起同修如何？」憨師問：「我看禪師的佛法機辯，不比佛門高僧大慧禪師差，但日常行動似有瘋癲之態，吟詩作對、手口不停，這是怎麼一回事？」

禪師回答：「這是我的禪病。因為，最初開悟的時候，口中偈語源源不斷，日夜不絕，不能自我控制，以後就成了這種病態。」

憨山師又問：「禪病初發時怎麼對治呢？」禪師說：「禪病初發時，如果自己看不破，必須尋一位道行高深的大手眼人痛打一頓，再熟睡一覺，醒來後禪病就消除了。可惜我在當年禪病初發時，沒有明眼高手的指點，所以至今仍舊如此。」憨師聽後唏噓不已。

憨山師正月就要去五臺山，法光禪師知道後作了一首詩贈給他，其中有「雪中獅子騎來看，洞裡潛龍放去休」二句。禪師問憨師：「你知道其中的意思嗎？」憨山師說：「不知道。」禪師解釋道：「詩中之意是要你不要捉死蛇啊！」大師點頭稱是。

宋元以來，禪宗法門似已久無師匠；憨山師自從見了法光禪師後，才知道並非如此。

## 關於「禪病」

行者於阿蘭若處（泛指清修處所）修禪時，心身往往會發生種種問題，謂之「禪病」；這時，便須有諸般方法予以對治。《治禪病祕要法》便記載著對治禪病的諸多法門。其為上下二卷，劉宋．沮渠京聲譯，又名《治禪病祕要經》、《禪要祕密治病經》、《治禪病祕要法經》、《治禪病祕要》，收錄於《大正藏》第十五冊。

本經主要在說明行者於阿蘭若處修禪時，心身發生種種問題時的對治法。共有十二法：（一）治於阿練若亂心病之七十二種法；（二）治噎法；（三）治行者貪淫患之法；（四）治利養瘡之法；（五）治犯戒之法；（六）治樂音樂之法；（七）治好歌唄偈讚之法；（八）治因水大猛盛而患下之法；（九）治因火大導致頭痛眼痛耳聾之法；（十）治入地三昧、見不祥事而驚怖失心之法；（十一）治風大之法；（十二）治初學坐禪者被鬼魅附著，種種不安不能得定之法。

## 萬象森羅從起滅

次年正月，憨山師同妙峰師從河東出發一起前往五臺山；途中路過平陽，這是妙峰師的故鄉。

妙峰師家庭貧窮，父母遇饑荒餓死，當時安葬時沒有棺木。妙峰師將父母重新安葬，憨師為其寫了墓誌銘，才知妙峰師俗姓續，世居平陽東郭，是春秋時晉國大夫續鞫居的後人。

到了二月，憨山師和妙峰師到了五臺山塔院寺，大方法師請二位大師居於北五臺龍門，這是個最幽峻的地方。

三月，憨師在雪堆中撥出數間老屋，同妙峰師住了下來。憨山師在此目睹萬山冰雪，清涼皎潔，儼然是過去曾經企求的境界，感到身心灑然，如同進入極樂世界一般。

過些時日後，妙峰師獨遊夜臺，憨山師繼續留在龍門修行。憨師在冰雪中單提一念，人來了也不交談，只是看過便罷。時間一久，他看見人就像看見木樁一般，後來竟連文字也不識了。

到了初夏，大風呼嘯，冰塊漸漸消融，大水衝擊著山澗，奔騰的瀑流猶如驚雷一般。憨山師在寂定中受到這雷鳴般的聲音干擾，功夫也受到影響。

他去向妙峰師請教如何能不受境界擾亂，妙峰師說：「境界的生滅變化，是意識攀緣而生，並非從外而來。三十年聞水聲不轉意根，當證觀音圓通。」

憨山師回來後，便每日坐在溪流急湍的獨木橋上修行。開始坐時，水聲宛然；時間一久，動念時聽到水聲，不動念就聽不到了。

某一天，憨山師在獨木橋上靜坐，忽然之間忘卻身體，一切聲音頓時消失。從此以後，即使聲音如雷，再也不能擾動他的靜寂心境了。

憨山師住山的食物僅用野菜拌粥湯。某天，他吃過粥在山坪上經行，攝心歸一，忽然立定，不見身心，唯一大光明藏，圓滿湛然，猶如大圓鏡一樣，山河大地都影現其中。待出定時，智慧朗然，自覺身心了不可得。大師便作了一首悟道偈：

瞥然一念狂心歇，內外根塵俱洞徹；
翻身觸極太虛空，萬象森羅從起滅。

從這以後，身心世界湛然寂靜，不再被聲音和色相所障礙，從前的疑團當下頓消。回居所再看煮飯的釜鍋時，已經蒙上了厚厚一層灰塵，也不知時間過了多久。

另一方面，雪浪師為了尋找憨山師，一路跋山涉水到了五臺山，在冰雪堆裡終於找到了憨山師。他準備與憨山師一同修道，誓共生死。

然而，憨山師對他說：「人各有志，也各有緣。師兄的緣分在於宣揚佛法，續佛的慧命，不應在此枯寂終老。江南一帶，真正的禪法久已湮沒；你上承無極大師的法脈，擔負著化導眾生的大業，須作人天的眼目，才不至辜負出世的大事因緣啊！」

雪浪師覺得很有道理，就與憨山師鄭重告別。後來，雪浪法師駐錫三吳諸郡（狹義為吳、吳興、會稽三郡，廣義則包括臨近各郡），宣揚佛法三十年，為佛法傳布做出了極大貢獻。

明萬曆四年（一五七六年），憨山師三十一歲。春三月，蓮池大師路過五臺山，在憨師這裡住了幾天；每夜談心，所見所聞所感皆非常契合。

## 蓮池大師

雲棲袾宏（西元一五三五至一六一五年），俗姓沈，名袾宏，字佛慧，號蓮池，明末四大高僧之一。常駐雲棲，法道大振，遂成一大叢林，因此或被尊稱為「雲棲大師」。世壽八十一，僧臘五十。入塔於五雲山麓。

大師著述甚豐，主要代表作有《阿彌陀經疏鈔》、《竹窗隨筆》、《往生集》、《淨土疑辯》等流行於世。後世尊為淨土宗八祖。

憨山師開悟後，因無人請益與印證，於是以《楞伽經》來參究、印證（另一說為《楞嚴》）。憨山師以前未曾聽過這部經的解說，對其中的義理未能理解清楚；這時，他以親證的實修境界去觀照經文，心識微起立即覺了，不使落入分別思量。這樣過了八個月，對全經的旨趣了然無疑。

安睡治禪病

十月，塔院寺大方法師被奸商誣告。塔院寺裡供奉著釋迦牟尼佛的舍利塔（大白塔）和文殊菩薩的髮舍利塔，是五臺山的代表性建築，非常著名。如果官司打輸了，不僅大方和尚被充軍，塔院寺道場也會因此荒廢。所以，一時間鬧得人心惶惶。

憨山師為了救大方法師，一人冒著嚴寒前往雁平鎮代郡（今山西代縣）胡順庵公館。胡順庵原是平陽太守，現轉任雁平兵備，對憨師一向恭敬。他見憨師到來，非常高興地說：「我正考慮到山中寒冷，已寫好書信正要派人去接師父，您卻正巧來到，真乃誠心所感啊！」憨師便告訴他大方法師被誣告之事，胡即請人放了大方法師，塔院道場才得以保全。

胡順庵留憨師過冬，朝夕問道，十分殷切；憨師對他亦有所開示，其中幾段為：

密於事者心疏，密於心者事達。故事愈密，心愈疏；心愈密，事愈達。心不洗者無由密，是以聖人貴洗心退藏於密。目容天地，纖塵能失其明；心包太虛，一念能塞其廣。是知一念者，生死之根，禍患之本也。故知幾知微，聖人存戒。念有物有，心空法空。是以念若虛熔，逢緣自在；心如圓鑑，來去常閑。善此者，不出尋常，端居妙域矣。

這幾段話的意思是告誡胡公，即便身居官位、事務繁忙，也要保持心境的空靈。心包太虛，如大圓明鏡，能照見萬事萬物，卻不沾染一絲塵埃，這就是塵居學道的要訣。這樣的開示憨師信口說來，一個月後胡順庵已記錄成帙，稱為《佛法緒言》，並立即請人刊行於世。

當時有一位移居到鎮代郡的開府高公，聽說憨山師在胡公館裡，就去對胡公說：「我家的花園亭閣雖已有許多題詠，但還想再求高人一詩，請大師題一首如何？」胡公答應去問憨師。當他向憨師轉述高公求詩一事後，憨師拒絕說：「我胸中無一字，怎能作詩呢？」

高公再三向胡公請求，胡公無法推託，只得苦求憨師，還拿出許多古人詩集擺在憨師的桌子上，想借此啟發憨師的文思。

憨山師偶然翻開詩集，正構思時忽然靈機一動，詩句迅速而至；胡公出堂回來，已落筆寫成三十首詩了。憨師恍然發覺：「這正是文字習氣的魔障啊！」立即停了筆，只拿了一篇給胡公塞責，就再也不想詩文的事了。

可是，這時文思無論如何也控制不住，從前學習過的、曾經入過目的詩書辭賦都不自禁地一齊湧現出來，充滿身心，似乎縱使通身是口也無法完全抒發心中的詩思，甚至於什麼是身心也不知道了。

憨山師自視內省，似乎有向上飛舉的感覺，卻不知怎樣度過這一關。

第二天，胡公送高公回去。憨師靜坐獨思：「我現在所發生的，正是牛頭法光禪師所說的禪病；可是，有誰能替我治呢？」繼而又想：「沒辦法，只有靠睡眠來消除禪病了。現在如果能安眠，對修行治障是有益的。」

憨師於是關閉了房門，強迫自己睡眠。一開始，無論如何也睡不著；堅持了一段時間後，忽然坐忘如睡。童子於用齋時來敲門，怎麼也敲不開，用木椎來撞也不見房裡面答應。

胡公回來後問道，憨師為何還未出來？童子告訴他，憨師在房中已經五天了。胡公就叫人打開窗門而入，看見憨師身披衲衣端坐在床上，叫也叫不應，推也推不動。

胡公突然想起，過去在書房中設有佛堂，供案上擺有引磬；他曾舉起引磬問憨師：「這東西有何用處？」憨師說：「西域僧人入定，不能出定，用這一敲，即能出定了。」胡公這時想：「師父可能是入定了。」他立即拿了引磬，在憨師的耳邊敲了數十聲。憨師果然慢慢醒了過來，睜開眼看著四周，不知身體在何處。

這時胡公說：「我送客出去後，師父您即閉門而坐，至今已五天了，您這五天是怎麼過的？」憨師說：「不知道，只存一息罷了。」

說完，又默默諦觀，竟然不知這是什麼地方，也不知自己從什麼地方來；再回顧那些住山的歲月，以及以往行腳的歷程，都如夢一般虛幻不實，求之了不可得。以前被偏空、我見所擾亂的心念，現在也雨收雲散、長空若洗，一切陰影都蕩然無存，心空境寂，其中的妙趣真是無法形容。

憨山師這時想：「《楞嚴經》中說：『淨極光通達，寂照含虛空；卻來觀世間，猶如夢中事。』佛經所載，誠不我欺！」

憨山師徹悟心性後，歲末準備正月還山，就對胡公說：「五臺山的林木，已被奸商砍伐了許多，文殊菩薩的道場將要變成荒山了。」胡公於是上疏請上司禁止砍伐。

從此以後，朝廷在五臺山修建叢林梵剎，都仗這大禁保護下來的林木，否則就無從取材了。

#《楞嚴經》

全稱《大佛頂如來密因修證了義諸菩薩萬行首楞嚴經》，據傳為唐般剌密諦攜至中土，經懷迪證義，房融筆受，譯成漢文，共十卷，大乘佛教重要經典之一。內容包括：序分、三番破識、十番顯見、剖妄出真、會通四科、圓彰七大、審除細惑、從根解結、二十五聖圓通章、四種清淨明誨、楞嚴神咒、十二類生、歷位修證、七趣、五十陰魔。

後人有「自從一讀楞嚴後，不讀人間糟粕書」之說。古大德有云：「開悟的《楞嚴》，成佛的《法華》，富貴的《華嚴》。」憨山大師也說：「不讀《楞嚴》，不知修心迷悟之關鍵；不讀《法華》，不知如來救世之苦心；不讀《華嚴》，不知佛家之富貴。」此經的重要性可見一般。

# 第三章　報父母恩，為法忘軀

佛為一眾生，不捨三途。今東海蕞戾車地，素不聞三寶名；今予教化十二年，三歲赤子皆知念佛，至若捨邪歸正者，比鄉比戶也。予願足矣，死復何憾！

憨山師極重孝道；《憨山老人夢遊集》載，憨師曾說：「出家人寧可上負佛祖，下負我憨山老人，不可自負，不可負君，不可負親。」

時值明萬曆五年（一五七七年），憨山師三十二歲。冬去春來，百花爭妍，憨師離開胡公館回到五臺龍門。

當他站在龍門的石岩上，環視著依舊冰封的崢嶸山色，不禁從那徹悟自性中，回顧今生今世的成長之路；尤其是自己的童年時代，重溫和父母在一起的日日夜夜，心中不由感激地想：「假使沒有父母的刻意栽培，尤其是母親的薰陶，我哪有今天的成就呢？」

憨山師一邊想念父母的恩情，一邊回顧出家後的經歷，發覺自己雖然已經明悟心性，但是在邁向報父母恩、進而普度眾生的道路上，這還只是一個小小的起點。現在開悟的大事已經完成，以後的道路該從哪裡展開呢？

## 書經夢彌勒

某天，憨山師讀到《南嶽思大師發願文》；那崇高的願心和懇切的詞句撥動了他的菩提心弦；他頓時覺得，開悟以後應該廣做佛事、普利眾生，完成佛法自覺覺他的偉大事業。

憨山師決定第一步先刺血泥金，抄寫《大方廣佛華嚴經》一部，上結般若的殊勝因緣，下酬父母及一切有情的深恩大德。

神宗皇帝的生母慈聖皇太后（李太后），虔誠信仰佛教，此時正在召開誦經法會；太后平日樂善好施，在京城享有很好的聲譽。這一次，她在全國選拔了有道的高僧召開盛大的誦經法會，目的是祈求國泰民安。憨山師聽到這一消息，暗中報了名。後來，太后知道憨師要以血泥金抄寫《華嚴經》，就賜了金紙給他。

## 南嶽思大師

南嶽慧思（西元五一五至五七七年），南北朝時高僧；俗家姓李，河南上蔡人。對《法華經》等深有造就，敷揚大小乘定慧等法。後率徒眾入南嶽衡山，提倡定慧雙修，世稱南嶽大師。天台宗創始人智者大師也曾在其門下諮受「法華行法」。

其於大蘇山開嶽寺、觀邑寺講《大品般若經》，信眾日增，因此發願寫造金字《般若經》。四十四歲時於光城縣齊光寺實現了寫金字經本並貯以寶函之願。大師極重視這件事的完成，特撰《立誓願文》，敘述自己出家學道、習禪以及在各地遊化迭遭諸外道擾亂毒害，因而發心寫造金字經本的因緣，以及立誓修禪解脫法、得神通力、弘揚般若、廣度眾生的大願。

憨山師受慧思大師大願感動，因此也發心刺血寫經。

第二年四月，憨山師在靜室裡開始寫經，無論點畫大小，每落一筆，必在心中念佛一聲。

一些遊山的僧俗到了憨山師的靜室，往往要求憨師開示幾句佛語；憨師雖然手中不停抄寫，但照舊不失應付對答。凡是來問訊的，憨師都要跟他們寒暄幾句；其中一些高人故舊，憨山師表現地非常恭敬，請他們坐上禪床，照例和他們對談佛法，卻也不礙手中寫經。憨山師每日抄經，皆是如此。

許多老宿聽到憨山師如此情形，感到非常奇怪，認為這是不可思議的事情。某天，老宿們帶領弟子來到大師靜室，想確認一下究竟是怎麼回事。他們在憨師身旁故意用種種方法進行攪亂；等憨師寫完一個段落，他們拿起來一看，竟然沒有絲毫差錯，這才確信憨師的定靜功夫非同尋常。

由於他們對憨山師的工夫困惑不解，就去問妙峰師：「憨山大師為何能一心多用？」妙峰師答道：「我師兄入念佛三昧已經純熟了。」此時，妙峰師也在北臺刺血泥金抄寫《華嚴經》。

## 憨山大師的「神通」？

憨山師一邊抄經，一邊與人應酬交談，兩相不誤。如何看待這些神奇的事蹟？這便涉及到對禪定與神通的正確看法。

憨山師所展現的乃是過人的定力，只是有如神通一般。通俗而言，「定而生通」，神通乃依定力而生起看似不可思議的事蹟。但是，佛教修行並不看重神通。

佛教所注重的解脫是慧解脫，即以智慧洞悉宇宙人生的真諦，從而大徹大悟，超凡入聖。神通是修行中的副產品，非究竟之法，甚至可能誘發人們的貪婪執著之心而加重業障。

因此，對修行境界乃至神通出現，應當如《楞嚴經》所說的那樣：「不作聖心，名善境界；若作聖解，即受群邪。」保持一顆清淨澄明的心，不被任何貪執妄念所干擾，如如不動，才能不斷增進修為；否則，就會因貪執妄念的干擾而走入邪路。

憨山師從住山修行到抄寫經文這段期間，不時有法喜充滿的夢境產生。所謂日有所思、夜有所夢，本來不值一談；但憨師的夢與眾不同，透顯著神通妙用及其證悟境界；師於自傳中親述，可見對本人亦深具意義。

第一次，憨山師夢見自己走入金剛窟，看見裡邊有兩扇大門，旁邊有座「大般若寺」。一跨進寺門，只見空間廣大如虛空，殿宇和樓閣莊嚴無比。在正殿當中安放一張大椅，清涼澄觀大師倚在椅上，妙峰師侍立在左方。憨師一見清涼大師，趕緊過去禮拜，然後侍立在右方。

這時，聽到清涼大師開示契入法界圓融的觀境；隨著清涼大師的開示，憨師的眼前便現出了相同的境界，自覺身心交泰互入。

清涼大師講完後，妙峰師問：「這是什麼境界？」憨山師笑著說：「無境界之境界。」

憨師醒來後，自覺心境融徹，再也沒有懷疑與掛礙。

第二次，憨師夢見自己升向天空；升到無邊無際的高空時，又逐漸飄落下來。只見四周空空洞洞，沒有一點東西；大地在虛空之下，圓圓的像鏡子那樣平滑光亮，猶如琉璃般晶瑩。遠遠望去，在無窮的天空中現出了一座廣大無比的樓閣，鋪天蓋地，雄偉壯觀。在樓閣中又現出了世間的人事往來，就連最小的市井鄙惡之事也都含容在其中。在樓閣的中央設有一個紫金焰色的寶座。憨師心裡想：「這大概就是金剛寶座了。」

憨師對這座莊嚴妙麗、不可思議的樓閣非常歡喜，想走近它，可是轉念又想：「在這清涼的世界中，為什麼有這些市井鄙惡的雜穢呢？」這念頭一起，樓閣即刻遠離。

憨師心中又想：「一切淨穢的境界，都是由自心所生的。」思惟著心生萬法的道理，樓閣又來到近處。

片刻之間，憨師看見金剛座前侍立著許多身材高大、相貌莊嚴的僧眾。這時，忽見一位年輕僧人從金剛座後面走出，手捧一卷經書徑直走到憨山師面前，對他說：「和尚即說此經，特地讓我把這卷經書授予你。」憨師接過一看，全是金色梵文，一字也不識。

憨山師將經書收起後，問道：「請問和尚是誰？」僧人回答說：「是彌勒菩薩。」憨師一聽非常高興，立刻跟隨僧人樓閣內，閉目斂念而立。

過了片刻，忽然聽到清亮的擊磬聲；憨山師睜眼一看，彌勒菩薩已經登座，憨師便在菩薩前恭敬地瞻仰頂禮。只見菩薩的面容晃耀著紫磨真金色的光彩，世間再也沒有比菩薩更壯麗的了！

憨山師頂禮後心想：「今天菩薩特為我升座說法，那我就是當機了！」於是憨師長跪合掌，拿出經卷翻開。

只聽得彌勒菩薩開示：

分別是識，無分別是智；
依識染，依智淨；
染有生死，淨無諸佛。

憨師聽到這裡，身心忽然如夢，只覺得聲音從空中歷歷傳來，開明心地，不存一字。

憨師一覺醒來後，菩薩開示的聲音彷彿仍在耳邊迴盪。從此，他對「識」與「智」的差別完全了然清楚，並且知道夢中所至之處，是兜率天的彌勒菩薩內院。

## 彌勒菩薩

梵名Maitreya；乃是未來佛，是世尊釋迦牟尼佛的繼任者，未來將在娑婆世界降生修道，成為娑婆世界的下一尊佛，即賢劫千佛中第五尊佛，常被稱為「當來下生彌勒尊佛」。彌勒菩薩在漢傳佛教的寺院裡常被塑造為袒胸露腹、笑容可掬的大肚比丘——布袋和尚，以示量大福大。據佛典記載，其現於兜率天內院為諸天宣說佛法。

東晉時期，釋道安（西元三一二至三八五年）以《彌勒下生經》、《彌勒菩薩所問本願經》等經典為依據，與弟子法遇、曇戒等八人在彌勒像前立誓，發願上生兜率，此為彌勒淨土信仰的發端。

第三次，憨山師夢見一僧人來報告說：「文殊菩薩在北臺頂設置浴室，請你赴會。」憨師跟著他到了北臺頂，走進一座裡面飄散著異香的廣大清淨殿堂。這裡的侍者都是梵僧，他們帶領憨師到了浴池。

當憨山師準備解衣入浴時，見一位女子已在池中洗澡，心裡忽然一陣厭惡，不想再入池。

這時，池中人見憨山師厭惡而不入池，故意露出身體，憨師這才知道此人原來是男的，便隨即入池。那池中人用手舀水洗憨山師，水從頭上淋下，一直灌入五臟，好像在洗肉桶一樣，將五臟一一洗遍，僅存的一身皮如琉璃籠一樣，洞然透徹。

過了一會兒，池中人叫他喝茶。有一梵僧手拿半邊像剖開的西瓜一般的髑髏；憨山師仔細一看，裡面腦髓淋漓。憨師感到厭惡，這位梵僧卻用手指剜了一塊腦髓問他：「這是不淨的嗎？」隨即送入口中吃了。這樣一邊吃一邊剜，吃得津津有味。

腦髓吃光後，只剩下些血水在裡邊。這時池中人說：「可以讓他喝了。」

梵僧便把髑髏遞給憨山師。憨師喝了一口，味道卻像甘露一樣，喝下的血水從通身的毛孔裡一一流出來。

喝完後，梵僧過來給憨山師擦背，並在憨師背上大拍一掌，他立即醒了過來，只覺通身汗如雨下，五臟洞然。

自從做了這夢以後，憨山師身心如洗，感到特別輕安自在。

## 圓滿二法會

萬曆九年（一五八一年），當二位大師寫經圓滿後，共同商議作一圓滿道場，稱為無遮法會。妙峰師著手募化錢糧，又準備到京都請五百名大德高僧參加。

在法會事宜初步就緒時，剛巧神宗下旨祈禱皇嗣。因為神宗皇帝信奉道教，所以派遣內官到武當山求道士祈嗣；聖母李太后信佛，則派遣內官到五臺山求僧伽祈嗣。二位大師所做無遮法會，便涉及了是否祈嗣的問題。

憨山師認為，沙門所作一切佛事無非為國家太平、人民幸福；太后祈皇嗣於佛教，關係到國家和人民的未來，因此也極重要。於是，憨師想要把無遮法會的功德也歸併於求皇嗣一事上，不為區區個人名譽著想。妙峰師一向遠離世俗，不喜權貴，便不甚同意憨師的想法。

當時朝綱複雜，朝廷內官對此也不理解；憨山師據理力爭，因此就得罪了內官。這時候，有些心術不正的人也想乘機中傷憨師，破壞道場；但憨師堅持為國求皇嗣的宗旨，多方周旋，終於使得無遮大會得以順利進行。

前年，李太后為薦先帝、保聖躬，曾派內官帶領三千名建築人員到五臺山修造塔院寺舍利寶塔；憨山師盡力從中協助調度，直至第二年塔院落成。之後，憨師把血金書寫的《華嚴經》安置在塔上，又寫了一篇發願文供在塔中。

這時，妙峰師已去京都邀請五百位大德高僧。憨山師一人募化資金，先造了華嚴法界轉輪藏，以供道場使用。

華嚴法界轉輪藏為八角十三層，高約十一公尺，上寬下窄，上層最寬處十二多公尺。轉輪藏的底部為一個圓盤，象徵風輪；圓盤上雕刻著洶湧的海浪，象徵著浩瀚的香水海；而三十二層架則好比香水海中層層綻放的千瓣蓮花。轉輪藏的前面供奉著華藏世界的教主盧舍那佛；周邊圍繞著九佛八菩薩，轉輪藏樓下的部分又放置了一千尊小佛，都在聆聽盧舍那佛講經說法；轉輪藏上層的部分放置著經書，則象徵著盧舍那佛的言教。這個巨大的轉輪藏是可以轉動的；每當有人推動轉輪藏，巨大的轉輪藏就會像《華嚴經》中的千瓣蓮花一般旋轉起來，巧妙地展現了華藏世界的勝景。

此外，憨師並準備了供具、齋糧等一切所需。如此不分晝夜地奔波了九十日，終於完成道場所需的一切事物。

到了十月臨期時，妙峰師率領所請的五百多位大德高僧會集山中，加上本山的人員，共達千人；這上千人的安居床被及供具茶飯，在憨山師的調度下有條不紊，處處現成。大眾對憨師的能力感到十分驚訝。

在法會初開的七晝夜中，事情異常繁忙，憨山師卻粒米未進，僅喝些開水，仍照常應付各種事務。

例如，佛堂裡每日要以五百桌齋食供養諸方僧眾及信眾，天天如此，次第不失。大眾不知這許多齋供從何處來；有的認為是神力所運，有的認為是佛力加持，感到不可思議。

法會圓滿結束後，憨山師於第二年在五臺山塔院寺講解《華嚴玄談》。在百日的經期中，每日雲集在塔院的十方緇素不少於萬人。在憨師的安排下，萬餘人吃一餐齋如同坐一堂禪一般，絲毫不亂，聽不到嘈雜之聲。

法會結束之後，憨師將所有錢糧交付寺廟常住後，瀟灑離去。

由於憨山師竭盡心力安排這兩次法會，或許太過勞心勞力，當法會結束後便色身不適，生了一場病。隨後，憨師與妙峰師一起離開塔院寺，一缽飄然長往。

妙峰師一人到蘆芽去；憨山師因為身體有病，便到石岩調養身體。

這年（萬曆十年）八月，皇太子降生，正好是祈嗣法會舉行後的第十個月。

憨山師身體稍好後，又到京西的中峰寺，在此作了一篇〈重刻中峰廣錄序〉，冬天則住在臨水的石室裡閉關。

明萬曆十一年（一五八三年）春，憨山師在五臺山所做的兩次佛事，在全國產生了很大影響，以至於遠近皆知。古人說：「大名之下，必難久居。」因此，憨師決定避開五臺山的虛名，走隱居修持的道路。

憨山師曾讀過清涼澄觀大師的《華嚴經疏．菩薩住處品》，其中提到：「東海有處，名那羅延窟；從昔以來，諸菩薩眾，於中止住。」清涼大師解釋：「梵語那羅延，此云堅牢，即東海之牢山。」從那時起，憨師對牢山一直懷有崇仰之情。

這時機緣成熟，憨山師決定前往東海牢山，並開始使用「憨山」這久已取好的號。牢山即今嶗山，位於青島東部；古代又曾稱牢山、勞山、鼇山等。

憨山師到了牢山，尋到那羅延窟；因為窟內無法住人，就再去尋更深隱的地方。後來，在山的南面，憨師終於找到一處背負群山、面朝大海的幽靜勝地。

這裡的景色十分壯觀奇絕，令人有遠離人間的仙境妙域之感。

這裡原有一座觀音庵，因遭歷史浩劫早已成為廢墟。憨山師便在樹下鋪了一張席，在露天下坐了七個月。

後來，當地人士張大心居士見憨師在露天下勤苦修行，就為他蓋了一間茅屋。憨師住下後，一年來無人往來，感到十分自在。

## 與紫柏真可論道

第二年秋天，李太后因五臺祈皇嗣有功，訪求主事的三位法師。大方法師與妙峰師已接受了太后恩賜，惟尋不到憨師。太后決心四處尋訪憨師，就請龍華寺住持端庵法師負責找尋。

端庵法師多方打聽，聽說憨山師在牢山隱居，於是乘船去找。當他尋到憨師，憨師卻誠懇推辭：「如果能夠得到太后的恩德，容許我在這山海之間安居，已經受益很多了，又何必求其他的恩賜呢？」端庵法師只得回去覆命。

太后聽了端庵法師轉述的話，心裡還是覺得過意不去，就在京城西山建了一座寺院，派內使一定要憨山師前來，可是憨師仍決意住山。

太后沒辦法，知道憨師仍住在茅屋，就撥了三千兩銀子派內使送去修建房屋。憨師盡力制止說：「我有茅屋居住已經夠快樂了，又何必再另造房屋呢？」

憨師不受分文，使內使十分為難，只恐回去交不了差。憨師見他為難，心裡想：「古人有假傳聖旨、詔書以救濟災民的義舉；目前牢山東區正值饑荒，為什麼不用聖母的慈心去救濟人民呢？」

於是，憨山師便請內使將這批銀兩遍施各府的僧侶、孤老、獄囚等，以濟饑荒。太后聽內使彙報，已將「三千兩銀子」以朝廷名義救濟困厄，對憨師的悲心感動不已。

東海原為道教等其他宗教的傳播地，當地的百姓從來不知有佛教。自憨山師到來之後，因為憨師精進修行、德行高尚，令人欽佩，所以當地百姓才慢慢和憨師接近。經過憨師的努力攝化，當地幾個教派的師長們，都相繼率領他們的弟子來皈依憨師。自此，當地百姓才開始接受佛教正法。

萬曆十四年（一五八六年），神宗皇帝敕頒藏經十五部，散施於天下名山。首先以四部藏經置四邊境，即東海牢山、南海普陀、西蜀峨眉、北疆蘆芽。《大藏經》三藏十二部，卷帙眾多，汗牛充棟，一般寺院都要修建專門的藏經閣來安奉，牢山卻連一座稍具規模的寺院也無。李太后派人送藏經到東海牢山時，憨山師因事先不知道，以致藏經送到時無處安置，地方撫臺等官吏便先供奉起來；憨師見有敕命，只得到京謝恩。

為了安放大藏經，太后與宮中眷屬各出銀兩供養大師，讓憨師在牢山修建安置藏經的寺院，並預先取名為海印寺。

這時，憨師在京聽說達觀大師——紫柏真可——到牢山訪問他，立即兼程趕回。剛回到牢山腳下，正遇達觀大師下山，立刻邀他同回。

兩人談禪論道，法味盎然，達觀大師便在此盤桓了二十多日才回去。

## 達觀大師

紫柏真可（西元一五四三至一六〇三年），明代南直蘇州人，俗姓沈，法名達觀，中年後改名為真可，號紫柏老人，後世尊稱為紫柏尊者、達觀大師，為明末四大高僧之一，是憨山大師的至交好友。

大師戒行精嚴，行俠仗義，以弘法利生為務，且秉性剛烈，威猛不羈，天生一副鋼筋鐵骨、豪雄氣質，因此頗為權貴忌恨；後竟遭陷，入獄判刑，大師不願受辱，決定圓寂，春秋六十一歲。

紫柏尊者的著作不多，收錄於《長松茹退》、《紫柏尊者全集》及《紫柏尊者別集》之中。

到了十一月冬季，憨山師見海印寺的禪室終於建成，身心放下，始得片刻休息。

有一天夜晚，憨山師打坐後起來散步，看見湛藍的大海、澄澈的夜空，洞然如一大光明藏，了無一物，即作了一首偈：

海湛空澄雪月光，此中凡聖絕行藏；

金剛眼突空花落，大地都歸寂滅場。

憨山師回轉靜室後，見案頭放著一本《楞嚴經》，展開經卷，當看到「汝心汝身，外及山河虛空大地，咸是妙明真心中物」時，頓時了然心目。他便振筆疾書，片刻之間已把心中所證全部寫了出來，並將此書命名為《楞嚴懸鏡》，這時蠟燭才燃去了半支。

憨山師喚維那（即寺院中的綱領執事）進來，請他念了一遍；聽著聽著，大師覺得自己也像是聽著夢中話一樣。

某天，憨山師想起《六祖壇經》中半夜砍頭的公案，便想學習六祖的定力。憨師每夜開門習觀想：「假使有人來借頭，我便歡喜施捨給他。」這樣時間長了，覺得定力漸深。

某日晚上，忽然有人叫嚷：「強盜來了！」憨師鎮定地說：「把強盜叫來。」他點燃蠟燭，正襟危坐，心中沒有絲毫恐怖。

這時，一個身材高大的強盜到了憨師門口，見憨師威嚴無比，一下子沒了氣焰，身體匍匐著不敢進門。憨師對他說：「這裡沒有什麼東西。」又叫侍者到庫房裡取二百文錢給了強盜，這強盜便帶著惶恐敬佩的心情離開了海印寺。

## 《六祖壇經》

是唯一一部以「經」命名的漢傳佛教本土經典，記載了禪宗六祖惠能一生得法、傳法的事蹟及啟導門徒的言教，其中心思想是直指人心，見性成佛，是禪宗修行的主要經典之一。

《六祖壇經》可分為三部分，第一部分是六祖惠能在大梵寺開示「摩訶般若波羅蜜法」，第二部分是六祖回曹溪後傳授「無相戒」，第三部分是六祖與弟子之間的問答。

第二年，牢山建成了殿宇，憨山師開始開堂為大眾說戒。從此四方僧眾到海印寺進香朝拜的日益增多。後來憨師又為居士們講解《心經》，這些開示後來被弟子記錄成《心經直說》。

秋天，胡順庵告老還鄉，送他兒子到海印寺出家為大師侍者，法名為福善。福善後來成為大師弟子中成就最高的一位。

萬曆十七年（一五八九年），憨山師四十四歲。這年憨師開始閱藏經，並為僧眾講解《法華經》和《大乘起信論》。



---

《心經》

梵名為 Prajñāpāramitā Hṛdaya sūtra，即《般若波羅蜜多心經》，簡稱《般若心經》。通行本為唐三藏法師玄奘所譯，共二百六十字，直指緣起性空的奧旨，為佛弟子常誦經典。

## 《大乘起信論》

大乘佛教重要論書，相傳為古印度馬鳴著，南朝梁真諦譯，一卷；唐代實叉難陀重譯，作二卷；以前者較為流通。

本論簡明扼要地概述了「如來藏（真如）緣起」、「一心開二門」思想，目的在於引領修習佛法者瞭解大乘佛法之根本意旨，從「眾生心」開始經修行而斷諸惑，得以證入真如。

## 歸鄉省親

憨山師自從離開五臺山後，常有拜見父母之心，但恐落世俗知見，所以一直沒去。另外，憨師也擔心自己見到父母後，感情控制不住，影響修行。憨師便一直把此事放在心裡。

有一天晚上，憨師坐禪之後，睜開眼睛，忽然作了一首詩偈：

煙波日日浸寒空，魚鳥同遊一境中；

昨夜忽沉天外月，孤明應自混驪龍。

簡單地說，憨師此偈道出，通過禪修，他已經能夠做到心境的「如如不動」，即使回鄉去探望父母，感情也不會生起波瀾；即使沉淪於世俗紅塵之中，禪心也不會有絲毫的動搖。

憨師非常高興，把侍者叫進禪室，高興地說：「我現在可以回鄉探望父母了！」

不久之後，憨山師擬為報恩寺請一部大藏經，便在十月份到了京城，太后即命人贈給一部。

十一月，憨師奉經到龍江本寺；這時，寺廟裡的寶塔連日放光呈瑞。在迎經的那一天，寶塔的光明好像一座橋一般，呈半圓形向北伸延，迎接藏經的僧人都從光明中走過；直至安置藏經，建立道場，光明仍連日不絕。

這罕見的奇妙景觀吸引了千千萬萬的人們來瞻仰觀禮；面對如此瑞祥之相，無不歎為稀有。

憨山師送經到金陵報恩寺的消息不脛而走，一直傳到他老母親的耳朵裡；老母親欣喜異常，就派人去問大師何日到家。

憨師說：「我這次是為朝廷之事而來，並不是特地為家事而來。如果老母親在相見時，如同過去未分別時一樣歡喜，那我最多可回家過兩夜，否則我就不回去了。」老母親聽憨師如此回覆，就派人再去告訴憨師：「現在能再相見，已歡喜得不得了，哪裡還會悲傷？見一面就可以了，又何況是兩夜呢？」

當憨山師回到家裡時，老母親一見兒子，其內心之高興自是不在話下。晚上，大家聚在房間裡話家常，一位族中的長者問：「您是乘船來的還是乘車來的？」老母親說：「何必問乘船來或乘車來！」長者又問：「到底從何處來呢？」老母親語帶禪機地說：「從空中來！」

憨山師聽了非常吃驚：「怪不得老母親當年能捨我出家啊！」

憨師問老母親：「我出家後，您想念我嗎？」老母親說：「哪能不想念呢！」

憨師又問：「您怎麼排遣這想念之情呢？」老母親說：「我起初不知如何是好，後來知你在五臺山，就去問師父五臺山在什麼地方；師父說，在北斗之下就是令郎居住之處。我從此後就每夜朝北斗星的方向禮拜，一心稱念觀世音菩薩名號，漸漸就不再想念了。假如有人說你死了，我就不再拜了，也不再想念了。今天見到你，是化身來的呀！」

第二天，憨山師隨雙親去祭祖墓，又去卜擇二親的葬穴。這時老父親已八十歲了，憨師開玩笑說：「今日活埋老子，省得他日再來。」並把鏟子插在地上。老母親見了一把奪過鏟子說：「老婆婆自埋，又何必煩別人來！」還連鏟了數十下。

第三天，憨師向二親告別，老母親歡喜如故，未嘗蹙眉。憨師才知道，老母親也並非尋常之人。

當時，有一位叫黃子光的十九歲少年，是當朝大司馬的弟弟。憨山師到牢山後不久，他就到憨師跟前皈依請益。憨師授以《楞嚴經》，黃子光兩個月就能背誦，從此茹素勤修，儘管父母反對也不改變修行的決心。他平日用功，切志於參究明心，常常脅不至席，坐禪達旦。

有一次，憨山師到南方去，黃子光心中暗想：「我生在邊地，長期不聞三寶之名，今天幸遇大善知識，倘使大師一去不回來，我就失去依靠了。」於是就在觀世音菩薩像前刺臂燃燈供養，求菩薩加被，讓憨師早日歸來。燃燈供養之後，火瘡發痛，他仍然日夜正襟危坐，持念觀音菩薩聖號；這樣過了三個月，火瘡才痊癒。他手臂上的瘡痕結成了一尊觀音菩薩的形像，眉目身衣，宛然如畫。

憨師返回後，他求出家的心很深切；但憨師觀其因緣，沒有同意。黃子光說：「那麼，弟子只有另想辦法了。我翻個跟斗回來，再拜師父出家，您便不能阻止我了吧？」第二年，黃子光便坐脫（禪定中往生）而去。憨師對此感慨：邊城偏遠之地也有佛種啊！

智退凶徒

憨山師在這幾十年的修行歷程中，時刻不忘重興報恩寺。以前居五臺龍門時雖有機會，但因需要費用太大，所以未能行動。到東海牢山時，也時刻等待著機緣。

現在，憨師認為機緣已熟，就以送藏經的因緣到了京城，將報恩寺的始末上奏太后，並且說：「工程浩大，需要龐大經費，難於輕舉；願乞聖母每日減少膳饈日用百兩，這樣積累三年，工程即可開工；積累十年，工程即能完成了。」太后聽了十分高興，這年十二月就開始積儲經費。

次年春，牢山殿宇修成，憨山師書寫《法華經》感謝太后的德意。

在這期間，有一夥人想謀奪道場，便裝成道教中人，假稱憨師占了他們的道院，並聚集了許多人，諍訟到撫院。當時的開府李公瞭解事件的真相後，非常痛恨這夥無賴之徒，就把他們送到萊州府治罪。

憨山師也去萊州府聽審，並盡力替他們開脫。不過，那數百名無賴不知憨師的慈悲，依舊在府城裡鬧事，並圍著不去。憨師見狀，讓身邊的侍者到別處去，獨自一人徐徐而行。

到了城外，這夥無賴的首領持刀在憨山師面前揮舞，意欲殺死他。憨師鎮定地看著他，笑了笑說：「你殺了我，怎樣處理自己呢？」這首領聽了憨師的話，一時感到心虛，便收了刀，跟著憨師走到了城外。

這時，無賴們認為首領可能跟憨師有了協議，心裡憤怒，就想動手毆打他。憨師心裡想：「他們要是一鼓動，這首領就有危險，怎麼辦呢？」他乾脆拉著首領同至寓處，關了門，脫了外衣，拿出瓜果招待他。二人邊吃邊談，首領完全被憨師感化了。

這時滿市喧嘩：「道士殺和尚了！」太守聽到了這一消息，就派遣府役把這群無賴逮捕起來，眾無賴惶懼地叩頭求饒。憨師聽說之後，就出門前往府衙，對無賴們說：「你們不要怕，待我去說說看。」

憨師拜會太守。太守問：「這些狂徒要殺你嗎？」憨師說：「沒有！府役來追捕時，我正和他們的首領在吃瓜果呢！」太守又問：「他們又為什麼鬧事呢？」憨師回答：「他們只不過是常見的市集喧鬧而已。」

太守想把他們拘留起來，憨師說：「現在的局面頗亂，對於群聚者首先應該驅散他們；如果枷號示眾，事態只怕越鬧越大。」

太守聽憨師這麼一說，覺得甚為有理，立即下令將一干無賴驅散。就這樣，不到三日，狂徒鬧事的事就平息了。

## 再會紫柏

這年，憨山師還寫了一篇《觀老莊影響論》。包括論教源、論心法、論去取、論學問、論教乘、論工夫、論行本、論宗趣八部分內容，對儒釋道三教的異同以及境界高低等作了精闢分析。

這篇重要的著作又名《三教源流異同論》。其著名的言論是：「不讀《春秋》，不能涉世；不讀《老》、《莊》，不能忘世；不參禪，不能出世。」「孔子，人乘之聖；老子，天乘之聖；佛，能聖能凡、能人能天之聖。」

憨師還稱讚孔孟老莊之學的長期流傳，為佛教進入中國打下了良好的文化基礎，並且提供了豐富的辭彙；「七佛譯經師」鳩摩羅什之所以能翻譯出大量優美的佛教經典，與什師有四位精通孔孟老莊之學的弟子，有著相當的關係。

明萬曆二十年（一五九二年），憨山師四十七歲。這年七月，他到京師（北京）訪達觀大師（紫柏真可）。

兩人先是一同登上石經山（北京房山），觀看了石經洞。石經洞內的石板上刻有藏經，這是晉朝的靜琬法師因顧慮三災壞劫無佛法，就在房山縣鑿石為板，刻了一藏佛經貯藏在山洞裡，又用石門封閉。到了明朝時，這石經洞的塔院被僧人出賣，達觀大師發心贖了過來，因此保全了石經法寶。後來達觀大師朝拜禮敬石經時，無意中在石經山雷音洞佛座下得到前朝和尚所藏佛舍利三枚。

皇太后後來得知此事，在達觀大師來京城時，命近侍備辦齋供，供養大師。達觀大師辭謝說：「自慚貧骨難披紫，施與高人福更增。」太后就恭請佛舍利入宮供養三日，並賜內帑造大石函，將舍利重藏於石窟。

這次憨山師來訪，達觀大師請憨師為舍利的發現及琬公塔院的復興，撰寫〈複涿州石經山琬公塔院記〉及〈涿州石經山雷音堀舍利記〉，達觀大師則撰寫了〈房山縣天開骨香庵記〉。

## 石經山

隋代幽州智泉寺沙門靜琬（又作智苑），為預防末法時期法滅，發願造一部石刻大藏封藏起來。於是在幽州西南五十里大房山的白帶山（又名石經山）開鑿岩壁為石室，磨光四壁，鐫刻佛經。又取方石另刻，藏於石室內。每一間石室藏滿，就用石頭堵門，並融鐵汁把它封錮起來。

到唐朝貞觀十二年，只刻了少量的佛經，靜琬法師就去世了。之後，他的弟子們繼承遺志，繼續雕刻埋藏，一代傳一代，傳了五代人，依舊沒有完成。後來，其他的高僧陸續也參與其事，直到元朝時，高麗國的高僧慧月大師接手經營，雕刻埋藏了許多，但仍然沒有完成。到明朝以後，這件工作就沒有人繼續做了，石經山一帶也冷落下來。天啟、崇禎年間，有吳興真程建議葛一龍、馮銓、李騰芳、董其昌等人續刻石經，在原有之雷音洞（石經堂）左面新開一小洞，稱寶藏洞，並在北京石燈庵刻佛經，再送往石經山貯藏。

其所藏佛典稱為《房山石經》，全稱《房山雲居寺石刻佛教大藏經》。

事情辦完之後，憨山師和達觀大師寓居到北京慈壽寺的西郊園中，在一起暢談了四十個晝夜，憨師把自己在海印寺撰寫的幾種著作抄出來給紫柏大師看，互相研討交流。

兩人回顧了明朝以來佛法的衰微狀況，慨然以弘法自任，發誓願要做幾件振興佛教的大事，比如刻印方冊《大藏經》、續修《傳燈錄》等。他們甚至認為，明朝的禪宗不發達，一定是因為禪宗祖庭的曹溪源流壅塞了，便相約一起去南華寺整頓祖庭，疏浚曹溪之水。

他們二人，修為相當，意氣相投，有學問、有修行、有名氣、有影響；最重要的，是有皇太后的大力支持；如果放開手腳做下去，佛法的振興指日可待。

蒙冤入獄

憨山師晚年回憶說，他和紫柏大師這四十個晝夜的暢談，乃是「生平之奇」。

第二年，牢山東區出現災荒，餓死了很多人。憨山師把山中儲存的齋糧全部分給近山的居民，但仍不夠。

憨師便又乘船到遼東，買來數百石豆米，使靠山的居民一個也沒有餓死。

萬曆二十二年春三月，山東開府鄭昆崖入山向憨山師請教佛法，憨師為他作了方便開示。到了十月冬至節，憨山師到京城賀聖，太后留憨師過冬，並請他在慈壽寺說戒。

這時，憨師知太后儲蓄已厚，就請她修建報恩寺。然而，此時因為日本侵犯朝鮮，朝廷正商議派兵討伐的事情，修建之事便只能暫緩。

神宗皇帝因信仰道教，對內使經常為佛事行走並藉此「上下其手」，素來憎惡。有一次，太后又派內使到東海牢山時，內庭以偶然事故觸怒了神宗，又牽涉了太后。這正好給了朝廷內反對太后的權貴們一個下手的機會。這些人打算先把送經內使除掉，然後借用以前方士鬧事的流言來打擊太后和憨師。

因此，他們讓東廠鷹犬扮作道士的模樣上殿擊鼓告狀，告憨山師在修建寺廟的過程中侵吞國家庫銀。神宗皇帝聽了非常憤怒，立刻下旨逮捕憨師與送經使者。

憨山師聽到這一消息後就召集大眾說：「佛陀的慈悲拔苦精神，就是哪怕只是為了一個眾生，也不怕三途惡道的磨難。這東海是邊遠之地，向來不聞三寶的名號；我在這裡教化已經十二年，連三歲的小孩子都知道念佛；至於那些改邪歸正、修行佛法的，到處都是。看到佛法在這裡生根發芽，我的願心已滿足了，死又有什麼值得遺憾呢？只是未能重興報恩寺，感到有些痛心罷了！」

當憨師告別大家，離開即墨城的時候，城裡的老少百姓都流著眼淚來送別，對憨師此行的安危都十分擔心。

憨山師到了京城，奉聖旨下押鎮撫司。在升堂拷問時，執事官打算迫使憨師承認侵吞太后在各山所施資財之事。在苦刑拷訊下，憨師說：「我作為僧人來說是慚愧的，因為無法報答國家和人民給我的恩典。今天，我不會可惜自身生命的完結；只是，這樣不分青紅皂白地死去，的確有傷於皇上對太后的大孝。我如果為了奉迎皇上，曲意妄招而損壞了綱常之道，的確不是臣子愛護君王的誠心；如此一來，怎麼對得起歷史上那些清白高尚的賢哲們呢？」

憨師以勸誡之心抵制了誣告，僅招認了以前布施所用的「七百多兩」銀子；清查內庫帳簿之後，除了以前代朝廷賑災的七百多兩銀子外，果然沒有絲毫差錯。

神宗一看是以朝廷名義賑災，怒氣稍歇，母子亦得以和好。但皇上還是以憨師私自建寺為由，貶大師流放雷州（今廣東省雷州市）充軍。

從牢山蒙難這個事件來看，表面上憨師是因為「私創寺院」而謫戍。實際上，其得罪的真正「遠因」，是他捲入了當時的宮廷鬥爭，尤其是神宗與李太后的矛盾衝突。當時，憨師順承李太后旨意，祈嗣保嗣，捲入「國本」之爭。

原來，神宗不喜歡王氏所生皇長子常洛，而欲冊立寵妃鄭氏所生皇三子常洵為太子，遭到了堅守封建禮法制度群臣的激烈反對，雙方為此鬥爭十五六年。在宮中，李太后是王氏和皇長子常洛的堅定支持者，始終站在維護傳統立儲制度的群臣一邊，與神宗對立。憨山師順承李太后旨意，五臺山祈嗣，「功在首倡」，又應李太后之請「說戒於慈壽寺」；據說，「慈壽保嗣」大概涉及了「國本」之爭。

神宗對爭「國本」諸臣降謫累累，正好憨山師被誣告，於是神宗最終選擇其中較為靠譜的「私創寺院」罪名降罪憨師。神宗否定李太后布施修建且賜名的海印寺，逮捕、謫戍她崇信的憨師，是因為他們都是「國本」問題上與他對立者，甚至「國本」之爭有可能因為祈嗣而變得激烈。

所以，憨師弟子福徵在《憨山大師年譜疏》中記載：「臺山祈嗣，慈壽保嗣，以出世人干係國祚大事」、「建儲之大關目、大是非，波累及之」。就是說，憨山師作為出家人干涉到了國家立儲的大事；雖然是出於善心，但結果還是受到了牽連。

之前，李太后派往五臺山祈儲的宦官害怕得罪神宗，不願舉辦規模盛大的祈儲法會，這與憨山師也產生了利益上的衝突。後來憨師為修復大報恩寺，祈李太后縮減開支，節約銀兩以修建寺廟，這無疑也降低了宮中的生活標準，減少了宦官借此貪汙剋扣的銀兩。因此，憨師也招致了宮廷宦官的忌恨。在這次牢山蒙難中，官宦誣陷也牽涉其中。

從佛道衝突來看，因為李太后非常信仰佛教，多方布施，耗費過多，也引起信奉道教的神宗皇帝的不滿。李太后皈依憨山師，成為其俗家弟子。《憨山大師年譜疏》記載，李太后在宮內懸掛有憨師畫像，並命神宗也「侍立」，與她一起「拜受法名」，這更引起神宗的不快和反感，所謂「上事聖母至孝，此日未免色動」。另一方面，萬曆中期，國家財政危機日益加劇，而李太后好佛，大肆布施，耗費很多錢財，這也引起宮廷內外的不滿，因此這次就藉機發難。

憨山師在《夢遊集》中曾說，神宗「惜財，素惡內使以佛事請用太煩。時內庭偶以他故，觸聖怒，將及聖母，左右大臣危之。」也就是說，神宗皇帝愛惜錢財，一向對於官宦以興辦佛事的名義開支財物很厭惡，這次便將太后以及一干人等牽涉其中了。

因此，憨山師被捕，神宗讓官員審問的目的，就是希望他招供李太后及宮中太監耗費錢財以崇佛的事實，實際上也是對太后及其隨從的打擊。憨師以死抵抗，僅招供用太后布施七百多兩銀子建寺，神宗皇帝這才作罷。

自憨山師於萬曆二十三年三月下獄起，京城內外諸寺院都為憨師誦經禮懺，有些僧人還燃香、煉臂、持咒為憨師祈福。

## 牢獄化為清涼地

憨山師在獄中受到審問，或許還遭受嚴刑拷打。當時的情形，《年譜》中沒有細談；但他曾經轉借《圓覺經．四相章》，寫了「我相」、「人相」、「眾生相」、「壽者相」四首詩，總題為〈圜中作〉——

鐘鼓鈴鑼不斷聲，聲聲日夜說無生；
可憐醉生夢死宕，鏡裡相看涕淚傾。

這首「我相」詩表達的是：凡夫之人認自四大色身是我，自我意識頑固不化，不能明瞭自己的本具佛性；修行人要看破自我執著，要通達無生無滅之理而不動心，應無所住而生其心。

突兀巑岏聳鐵城，刀林劍樹冷如冰；
誰知火向冰山發，燒盡冰山火不生。

這首「人相」詩表達的是：凡夫之人心存憎愛，意不均平，結果種下的都是貪嗔癡慢疑的惡因，將來會感得水火刀劍的惡果；修行人要勘破人相，慈悲為懷，直心修道。

鐵門緊閉杳難開，關鎖重重亦苦哉；
可怪呻吟長夜客，不知因甚此中來。

這首「眾生相」詩表達的是：凡夫之人心識蒙蔽，常隨世心流轉，不求解脫，故有眾生相；修行人要心如虛空，不染纖塵，於世間紛擾，一了永了，再不相續，才能做到無眾生相。

一條血棒太無情，觸著須教斷死生；
痛到切心酸鼻處，方知王法甚分明。

這首「壽者相」表達的是：凡夫之人不懂得無生法忍，只是執著於肉身，所以貪生怕死，執著於壽者相；修行人要勘破生死關，明悟自身佛性，但依方便，行持願力，才能做到無壽者相。

憨山師在獄中亦曾作有不少詩文。例如，在《詠懷．圜中作》，表現了自己達觀超脫，榮辱不驚的精神境界，既能知命，又能忘己，也能超出生死。

大塊總微塵，滄溟一滴水；茫茫宇宙間，代謝無停止。
達人縱大觀，上下千萬紀；歷覽在目前，賢愚可屈指。
美惡不足稱，是非安可擬；仲尼重知命，老聃貴忘己。
惟我大雄尊，超然出生死；世界等浮漚，身心類塵滓。
幻化只如斯，榮辱何憂喜；顛倒任空華，吾視此而已。

《憶山居六首》，則把坐牢當成山中隱居，由此回憶起五臺山愉快安靜而精進不懈的隱居生活。

余園中宛居深山，因而有述。

(一)榾柮千年火，支撐獨木橋；往來人境絕，庵主澹無聊。

（榾柮：樹根疙瘩，可代炭用。）

(二)白雪在簷前，飛來日如故；不是爾無心，如何常共住。

(三)明月掛寒空，光徹寒潭底；上下本自同，看來無彼此。

(四)流水不是聲，明月元非色；聲色不相關，此境誰會得。

(五)風從何處來，眾響動岩穴；靜聽本無聲，如何有起滅。

(六)身在千岩裡，門前路不通；寂寥誰是伴，惟有數株松。

憨師在京師的監獄中住了八個多月，這期間患難相從、負責照料他生活的，只有侍者福善一人；其他弟子們，有的牽連在官司內，有的留在牢山看家，有的被迫雲遊他方。

在憨師的指導下，犯人們在獄中集體念佛，從早到晚梵唄高揚，有些獄卒、獄官也參與其中。本來暗無天日的監獄，一時間變成了清靜道場。

萬曆二十三年冬十月，命令下來，憨師戴上刑枷，出獄，到嶺南的雷州從軍服刑。

在走出牢門的一剎那，憨師左看右看，嘆息不已：「好個道場，又將捨棄，可惜可惜！」由此可見憨師「煩惱即菩提」的悟境與灑脫。

憨師坐牢時的心態，可以從《夢遊集．法語》中的〈將之雷陽舟中示奇侍者〉一文中略作觀察。在這篇文章中，憨師說：

佛祖教人於生死中，頓證無生法忍。且每怪其於無生中，妄見生滅。此語如對市人說夢事，聞者非不明目張膽，但未證真耳。要之，所說非所聞，所聞非所見也。古人貴實證者，直欲於生死法中，親切勘破而已，非別有奇特處也。

簡單地說，就是參禪悟道、勘破生死這件大事，必須處在生死危急關頭，親自勘破，得到實證，才能受用；也就是說，禪悟的境界，必須能過經過生死的考驗。如果平日高談闊論、妙語如珠，到了危急關頭，卻慌手慌腳、茫然無措，那平時的高談闊論都是虛妄，完全無用。

接著，憨師講了兩個有趣的故事。

第一個故事說：小孩子往往怕鬼，夜裡一個人外出走路時，總感覺身後有個鬼影子跟著，擺脫不掉，怕得走不了。母親再三對孩子解釋，其身後並沒有鬼影子，但小孩子總不會相信，夜晚外出仍然怕鬼。直到長大後，自己真正弄明白了，這才能不害怕。

憨師用這個故事來說明，理論必須經過實踐檢驗，才能真正被人接受，只靠口說耳聞是不行的。

第二個故事則是憨師自己的親身經歷。他隱居五臺山時，曾經到雁門暫住過一段時間。有暇時，與健兒乘馬遊歷，飽覽塞外風光。有次晚上歸來，夜色朦朧，路旁有塊奇怪的大石頭，好像猛虎怪獸一樣；他騎的那匹馬受了驚，害怕得亂蹦起來，差點把他摔下來。憨師於是奮力策鞭，逼著馬在石頭周圍繞了幾十圈，又停下來，讓馬把石頭認清楚。最後，這匹馬適應了異物，以後遇到意外情形，都不再受驚亂蹦，非常鎮定。

憨師經由馴馬這件事明白了一個道理：參禪修道的人，也要經常遊歷生死險道，藉此考驗、鍛煉自己的心靈。

另外，憨師還提到《華嚴經》中善財童子的五十三參，其間要經受「刀山火聚」的考驗，最後才能進入「清涼大解脫門」；並說佛祖也沒有別的長處，只是能夠熟悉世間萬相而已。

寫這篇文章時，憨師剛出獄不久。回顧獄中經歷，憨師說，在獄中的二百多天，雖然受盡磨難荼毒，但一直保持著「一念歡喜心」，和平時沒有什麼兩樣。當時看到憨師神色的人，都感到驚奇不可思議。

在獄中時，各地的朋友們為憨師的生死擔心，甚至痛哭流淚，夜不安眠；憨師自己倒是若無其事，不把生死放在心上。出獄後，朋友們發現憨師的心態歡喜如常，又是吃驚不已。憨師說：「余不驚其所驚，而人驚其所不驚，是或有道焉。」

離開監獄，從北京城的街市上走過，看著自由的天空，吸著清新的空氣，大街上人群熙攘，車水馬龍，似乎和以前沒有什麼兩樣。但重見天日的憨師感念不已，吟了幾首詩——

(一)長安風月古今同，紫陌紅塵路不窮；最是喚人親切處，一聲雞唱五更鐘。

(二)體若虛空自等閒，纖塵不隔萬重山；可憐白日青天客，兩眼睜睜歎路艱。

(三)飄風驟雨一時來，無限行人眼不開；忽爾雨收雲散盡，大虛原自絕塵埃。

(四)空裡干城野馬人，目前彷彿如煙村；直須走入城中看，聲色原來不是真。

這四首詩的主旨表達的是，感官所見，不論山色人馬，還是風雨晴空，都只是夢幻空花，如露亦如電，如煙亦如塵，修行人要勘破世間景色，追尋佛法大道。

## 南京會親友

十月底，憨山師將南行時，朝中許多士大夫身穿便服、騎著驢子前來相送。

大師離開京師時，有弟子福善等三四人隨行。

十一月，憨山師到了南京，母親到長江邊上與憨師相見。憨師見老母親歡喜交談，音聲清亮，胸中沒有絲毫滯礙，於是問：「當您聽到兒子死生之際，難道就不憂愁嗎？」母親說：「死生是由業力而定，我對自己的死生尚且不憂，何況你呢？但人言紛雜，我對此事又沒有確定的見解，所以覺得有些懷疑。」

母子倆就這樣坐談到天亮，臨別時老母親囑咐說：「你應以大道自愛，不要替我擔憂，今天我也與你長別了。」老母親說完，便頭也不回地欣然走上歸途。

憨師望著母親遠去的背影，感慨地想：「天下的父母若都能如此，豈不是能頓盡生死之情了嗎？」於是提筆寫下一首〈母子銘〉：

母子之情，磁石引鐵；天然妙性，本自圓成。
我見我母，如木出火；木已被焚，火元無我。
生而不戀，死若不知；始見我身，是石女兒。

達觀大師先前在石經山與憨師相約，願在曹溪共振宗風；當憨師蒙難時，達觀大師正在匡山（廬山）天池等候。聽到憨師蒙難的消息，大驚道：「要是失去憨師，那曹溪共興的願望也不能實現了！」

達觀大師於是先趕到曹溪，立刻到京請好友相救憨山師。再折回聊城時，聽說憨師準備離京，就回南京等待。

憨山師到南京後，在長江邊一個庵中與達觀大師相見。達觀大師提議要憨師陳白冤屈；憨師不同意，認為這是定業所感，不必辯解。

臨別時，達觀大師拉住大師的手臂說：「我在天池聽說你蒙難，就在佛前許下誦《法華經》百部之願，以保你的平安。現在，我對佛祖的誓願，就靠你的誦經來完成了。」憨師聽了非常感動，頻頻道謝。

南京的老朋友們也都來江邊與憨師相見，師兄雪浪洪恩也來過。

雪浪法師當時已經是江南一帶赫赫有名的名僧。《萬曆野獲編》說他不拘細行，歌樓酒肆，無不流連，甚至還與一位歌女過從甚密。當時人有很多非議，將他比喻為曾娶妻子的姚秦三藏法師鳩摩羅什。雖然如此，他在江南一帶弘揚佛法的功勞也不可磨滅；他精通教典，到處講經說法，妙語如珠，座下高徒很多，都非常知名。

洪恩善於詩文，又快人快語，經常評論當時的詩家，因此常得罪人。有位叫郭明龍的祭酒（大學校長），可能被洪恩評論過，因此懷恨，下發文書，歷述洪恩不守戒律的情形，藉此將洪恩趕出南京，成為當時著名的「雪浪被逐」事件。

憨師後來曾為洪恩作傳，沒有提及此事，但說洪恩：「天性坦夷，不修城府，不避譏嫌，以適意為樂。來去倏然，如逸鶴淩空，脫略拘忌。」

紫柏大師曾經對雪浪法師非常反感，憨師勸道：「我曾經觀察過洪恩出家的因緣，他因為聽唯識而發心出家，又對著玄奘大師的髮塔剪髮立誓。我想，他應當是玄奘大師的高徒、慈恩大師窺基和尚轉世的。」

唐朝高僧窺基出身功臣世家；據傳，其出家後仍常以裝滿酒肉、美女、書籍的三輛大車相隨，不改豪貴習氣，當時人稱「三車法師」。洪恩隨性不羈的作風很像窺基，所以憨師用這個因緣來勸說紫柏大師，紫柏聽後也釋然了。

憨師發配充軍，路過南京，洪恩特地趕來相見。師兄弟二人百感交集，聯床促膝，深談了一夜。中間提起重修報恩寺的夙願，憨師說：「本來我已經準備得差不多了，如果沒有這次的挫折，重修報恩寺指日可成。現在怎麼辦呢？我得到嶺南去啊！請師兄另行尋找有利時機，親自在南京這一帶募化錢糧，慢慢籌備。如果我還能活著回來，咱們再一起努力。」

洪恩神色黯然，點了點頭，第二天就先告辭走了。

三年之後，報恩寺的寶塔出現傾圮之危；洪恩出面募化錢糧，親自監工，重修了寶塔。施工時，千辛萬苦，洪恩心力交瘁，吐血數升，終於圓滿竣工。

晚年的雪浪法師，一改年少時之習氣，事事吃苦耐勞，還曾經親自擔水施茶，展現出苦行修道的高僧風範。可見，「歲寒，然後知松柏之後凋也。」

# 高僧為何仍會遭劫？

如何看待佛門高僧也會遭遇世俗災禍？例如，憨山師因為牢山之事，蒙冤流放；達觀大師更因為朝廷黨爭而被無辜牽連，端坐而逝。還有龍樹菩薩、東漢高僧安世高、禪宗二祖慧可等高僧大德，他們並沒有世俗所謂的「善終」，有的甚至是為了酬還宿債而甘願受死。

凡夫眼界短淺，只見這一生，甚至不相信前生後世，所以無法理解高僧的遭遇；或以為拜佛行善，便能消災解厄。對於高僧來說，此世遭遇的災禍都是宿業所現，往往都是「重罪輕報」。這也是表示「因果不昧」，即使修行再高，也不能抹滅因果。

所以，不能以世俗眼光來看待高僧蒙難之事；行善積德、勤修佛法、勇猛精進，乃至究竟成佛，才是正道。

# 第四章　嶺南傳法，中興曹溪

予平生以荷負法門為心，竟以此致譴。今在罪鄉，尤然念六祖法道之衰，乃誓匡持力救其傾頹。

所謂「嶺南」，曾是唐代行政區嶺南道之名，相當於現在廣東、廣西、海南全境及曾經屬於中國統治的越南紅河三角洲一帶，這也是唐代六祖惠能的主要傳法地區。

明萬曆二十四年（一五九六年），憨山師年五十一。正月，憨師渡過文江，曾訪問「給諫」（諫官）鄒南皐（元標）；他將憨師一行迎到鐵佛庵中，款待了幾天。憨師稱讚鄒南皐「根性猛利」，是學佛的好材料；並向他推薦雪浪洪恩，希望他能邀請洪恩到江西一帶講經說法。

慨嘆曹溪沉淪

後來，盧陵王性海拜謁憨師於文江畔，並在附近淨土庵設齋，招待憨師。在盧陵淨土庵的素宴上，王性海居士向憨師請教《楞伽經》。

憨師在五臺山參禪開悟後，曾經研究過《楞伽經》，用此來印證自己的禪境。到牢山後，有一年腳上生病，疼不可忍；憨師便再次鑽研《楞伽經》，並進行注釋，以此來轉移注意力。注了兩章之後，腳病就痊癒了。

憨師便找出以前的草稿讓他閱讀；王居士非常讚賞，建議憨師到嶺南後，繼續注釋，完成這部著作。為了鼓勵憨師，王性海還拿出自己收藏之宋代僧人正受撰寫的《楞伽經集注》、以及《楞伽經》的三個不同譯本，贈送給憨師；憨師歡喜地接受了王性海的饋贈，答應完成這部著作。

# 《楞伽經》

梵文為Lankāvatāra-sūtra，全稱《楞伽阿跋多羅寶經》，又稱《入楞伽經》、《大乘入楞伽經》。說明大乘佛法中如來藏及阿賴耶識之教義，與《解深密經》同為論述唯識思想的重要經典。

本經的主要內容，是佛開示的五法、三自性、八識和二種無我。「五法」是指名、相、妄想、正智、如如；「三自性」是緣起自性（依他起性）、妄想自性（遍計所執性）和成自性（圓成實性）；「八識」是眼、耳、鼻、舌、身、意六識，加上末那識和阿賴耶識；「二無我」是人無我和法無我。

本經為法相宗（唯識宗）所依據的根本經典之一；在六祖惠能以前，亦是禪宗作為「印心」依據的經典。

二月，憨師上大庾嶺，在嶺頭觀看了「惠明奪六祖衣缽」的遺址，並作了一首詩紀念，其中有：「翻思昔日宵行客，何似今朝度嶺心」一句。

憨師見走路的行人翻閱山嶺很艱難，往往汗流浹背，就囑咐同伴，希望能設立一座茶庵在嶺頭；又見山路崎嶇難行，便勸人修造山路。幾年後，這條山路經過整修，真的變得平坦了。

## 「為法不為衣」的惠明

六祖惠能得五祖弘忍傳法後，攜帶傳承信物衣缽而去。因惠能當時在寺廟裡地位不高，眾人不服，於是隨後有數百人追趕六祖，來搶奪衣缽。

五祖弟子中有一名僧人，俗家姓陳，法名為惠明，出家之前曾是個四品將軍，他力氣大跑得也快，最先追上了六祖。六祖發覺有人來搶衣缽，就把袈裟和紫金缽放在石頭上，說道：「此衣表信，可力爭耶？」然後隱身於草叢之中。

惠明看見衣缽便想拿走，一拿之下卻拿不動。惠明心有所感，於是發心請教佛法，虔誠地說：「行者，我為法來，不為衣來，望行者為我說法。」六祖便用禪宗「直指人心，見性成佛」的法門指點於他。惠明當下大悟，叩拜而去。他在回去的路上碰到追六祖的人，就把他們引到別處去了。

惠明實際上是六祖出山後的第一個徒弟；他本是五祖弘忍的弟子，但因感激六祖點化，亦拜入六祖門下，後來避諱「惠」字而改法名為「道明」。



憨山師到了韶陽（今廣東省曲江縣），來到六祖惠能的道場、禪宗祖庭曹溪南華寺。

曹溪這個地方，最初是魏武帝曹操的後代曹叔良避難遷居到此，以姓氏為地名，所以稱為「曹溪」。

南朝梁代，印度有位叫智藥三藏的聖僧，渡海來到中國，在廣州法性寺種下一棵菩提樹，預言一百多年後有肉身菩薩在樹下受戒。隨後，智藥來到曹溪，掬了一口溪水品嘗，讚歎道：「這是我們西天的水啊，源頭一定是個聖地。」他溯流而上，來到一座山前，見山體形似大象，又讚歎說：「這座山好像我們西天的寶林山啊！」

後來，智藥遇到曹叔良，對他說：「這座山裡應該建座佛寺；一百六十年之後，有位肉身菩薩在此說法傳道。」曹叔良於是上報官府，官府再呈報朝廷，梁武帝便下旨，在這裡修建了一座寶林寺。

到了唐朝，六祖惠能在安徽黃梅得到了禪宗的衣鉢，來到這裡隱居，當時寶林寺已經廢棄。有位比丘尼叫無盡藏，因向六祖請教《涅槃經》，有所領悟，就建議父兄，為六祖重修了寶林寺。隨後，六祖被惡人追逐，逃到山中獵人隊裡避難；十幾年後出家受戒，再回曹溪時，寶林山已經屬陳姓人家所有。

這時六祖已經名聞遐邇，徒眾很多，寶林寺住不下。六祖便展現了些許神通力：向陳亞仙乞求「坐具」大小的地方，結果坐具覆蓋了四天王嶺的範圍；陳亞仙慨然布施，只請求留下自己的祖墳。

此後，經過六祖師徒的經營，曹溪這一帶成了著名的禪宗道場，周圍幾十里都屬於寺院範圍，既無居民，也無農田，非常清靜莊嚴。寶林寺後來改名南華寺。

然而，現下舉目所見，讓憨師悲痛不已。這座唐朝著名的禪宗道場，現在已經破落不堪；修行的僧人們不守戒律，飲酒食肉，經營生產；許多小商小販也充分利用南華寺的「觀光資源」，在這裡販賣酒食，招攬客人，完全不像個清靜的道場。

憨山師入山禮拜六祖惠能。當他喝了一口曹溪水時，內心感慨地吟了兩首詩：

(一)曹溪滴水自靈源，流入滄溟浪拍天；多少魚龍從變化，源頭一脈尚冷然。

(二)樵斧才拋石墜腰，黃梅夜半寂無聊；自持一缽南歸後，從此兒孫氣日驕。

第一首詩稱道：自六祖住在曹溪之後，天下禪僧聞風而來，接受六祖的指點，言下大悟，好像鯉魚躍龍門而化為龍一般，曹溪不愧是「禪源」。

第二首詩則說，六祖當年先是砍柴賣柴為生，到黃梅後又綁上墜腰石，天天舂米勞動，費了多少辛苦，才得到了五祖衣缽；可嘆，六祖的辛苦和成就，到今天反而變成徒子徒孫們驕傲和享受的本錢。

憨師到了這座天下聞名的禪宗祖庭，看見其已凋敝不堪，想要修繕而無機緣，只得懷著感傷的心情離去。

## 曹溪祖庭

禪宗初祖菩提達摩，下傳二祖慧可、三祖僧璨、四祖道信、五祖弘忍，六祖惠能，之後改變了單傳一人的做法，大弘禪法於天下。

惠能（西元六三八至七一三年）被尊為禪宗六祖，對中國佛教以及禪宗的弘化意義重大。惠能得到五祖弘忍傳授衣缽，繼承了東山法脈並建立了南宗，弘揚「直指人心，見性成佛」的頓教法門。他弘化於嶺南，對邊區以及海外文化也具有一定啟迪和影響，王維〈能禪師碑銘〉謂其「實助皇王之化」。在惠能入滅一百年後，禪者已非曹溪不足以談禪，柳宗元撰〈賜謚大鑒禪師碑〉即云：「凡言禪，皆本曹溪。」。

惠能下傳南嶽懷讓、青原行思、荷澤神會、南陽慧忠、永嘉玄覺。南嶽下數傳形成溈仰、臨濟兩宗；青原下數傳分為曹洞、雲門、法眼三宗；臨濟宗在宋代衍生出黃龍、楊岐兩派，世稱「五家七宗」。因惠能常駐廣東韶關附近曹溪之畔的南華寺弘法，曹溪因此被稱為是禪宗祖庭。

自惠能入滅到憨山入駐曹溪，其間接近九百年時間，禪風衰微，曹溪祖庭亦頗為衰敗，故有憨山中興曹溪之說。

## 助葬安人心

到了五羊（廣州舊稱），憨山師身穿充軍的囚服見大將軍「總鎮」王漢沖。大將軍親自替他鬆綁，又以齋食供養他，晚上便宿於海珠寺。

憨師住下後，有位「大參」（地方副首長）周海門，名鼎臣，是一位著名的學者，提倡王陽明心學，在廣東有很多弟子。他聽說憨山師獲罪發配到了嶺南，就帶著幾十位弟子和一些朋友到海珠寺看望憨師，既表示歡迎、慰勞，也順便切磋學問。

談話間，周先生提出「通乎晝夜之道而知」的《周易》論題，其中一位老道長提出自己的見解說：「人人都有知覺；日間應付事務的是這個知覺，夜裡做夢的也是這個知覺，所以說：『通乎晝夜之道而知』。」周先生說：「大家都這樣說，我卻認為不一定如此。」又問憨師：「老禪師，請見教！」

憨師問：「這句話出哪部典籍？」周先生回答說：「《易經》的繫辭。」接著便把繫辭的章句連讀了幾句：「範圍天地之化而不過，曲成萬物而不遺，通乎晝夜之道而知，故神無方而易無體。」

對這幾句的一般解釋是：按天地的運行規則行事而不會過分，圓融地成就萬物而無遺漏；看到白天變黑夜、黑夜變白天，從而知道事物變化之理。所以，「神」——即道，亦即自然法則，與其變化——「易」，是沒有固定不變之形體的。

憨師聽後說：「這是聖人指示，人要悟不屬生死的一著。」周先生一聽，立即拍案叫好，說：「還是老禪師指示的親切。」大家聽了都覺罔然，紛紛提出問題。周先生解釋道：「憨師所說超出凡俗之見，而切入生死大事。死生者，晝夜之道也；搞清楚晝夜變化的道理，就能不被晝夜變化所困惑。同樣，能領悟生死的道理，就能不被生死所牽累。」這樣一說，滿座歎服。

若論《易經》這句話的原意，恐怕並非如憨山師與周先生所言。《易經・繫辭》稱「剛柔者，晝夜之象也。」所謂的「晝夜之道」，說的乃是從晝夜變化中領悟到天下萬事萬物的陰陽消長剛柔變化的規律，以之來指導自己的行動，便能趨吉而避凶、無往而不利，如此便算是掌握了處世的大智慧。憨師是佛教高僧，周海門是受佛教影響的陽明學者，一開口就切入生死大事，實已經超出《易經》處世智慧的範圍。

## 《周易》與繫辭

《周易》即《易經》，相傳是周文王姬昌所作，內容包括《經》和《傳》兩部分。《經》主要是六十四卦和三百八十四爻，卦和爻各有說明（卦辭、爻辭），作為占卜之用。《易傳》則包含解釋卦辭和爻辭的七種文辭共十篇，統稱「十翼」，相傳為孔子所撰。自孔子贊《易》以後，《周易》被儒門奉為儒門聖典，六經之首。《繫辭》，又稱《繫辭傳》，儒家經典，為易傳「十翼」之一，其內容為解釋周易的義理，分為上下兩篇，相傳為孔子所作。現代學者認為這是在戰國至西漢初期間，由儒家學者所集體創作。



三月十日，憨山師抵雷州，住在城西的古寺裡。換上軍裝，憨師成了大明朝的一名普通士兵。憨師可能仍然受到衛所的特殊照顧，沒有被當成普通士兵看待，允許他寓居到雷州城西的古寺中，活動比較自由。

四月一日，憨山師開始著手注《楞伽經》。

這年雷州鬧饑荒，疫癘橫發，常年不下雨，死傷的老百姓不可勝數，憨師所住之處亦好像屍陀林一樣，到處都是屍體；或因憨師法力加持，才得安穩無礙。當時雷州乾旱，四處無水，甚至連井水都枯竭了。憨師的侍者福善，排隊到井邊打水，往往等到半夜時才能得到一罐水，維持一日的生活。

到了七月，城內外橫屍遍地，憨山師便普勸眾人收拾掩埋了數以萬計的屍體，又為當地百姓作濟度道場以超度亡靈。儀式完畢之後，天上立刻下起了傾盆大雨，地面上的水上漲了三尺，從此癘氣即解，百姓於是得救。

萬曆二十四年八月，在雷州住了四個多月的憨山師被王漢沖下令調回廣州，住在演武場的軍營內。憨師回到廣州後，可以經常和朋友們來往，生活悠閒自由，有足夠的時間從事著述。

第二年正月，會城因饑荒、天災也死傷了許多人，屍體暴露遍地。憨山師命人收拾掩埋了數以千計的屍體，又建了普濟道場七晝夜，會城因此得以安寧。

有一位大參丁右武，江西南昌人，也因罪被貶謫到廣東。他以前聽說過憨山師的名氣，到廣州之後，便與憨師密切交往，成了好友。舉辦普濟道場時，僧人缺少，丁右武就主動擔任憨師的助手。

憨山師以罪僧之身，積極從事慈善事業，在雷州、廣州做了這麼多好事，很快就引起了當地官民的尊重和信仰。從對憨師本人的尊重和信仰，進一步對佛法產生興趣；當地的許多士大夫，漸漸開始研讀佛經，學習佛法，向憨師請教。

四月，憨山師寫成《楞伽筆記》，亦即十八卷的《觀楞伽經記》。因為皈依憨師的許多讀書人士未入佛理，憨師又為他們撰寫《中庸直指》，以佛法道理解釋儒家思想。

## 軍營折傲氣

憨山師雖受到當地大將軍禮遇；然而，初到五羊時，地方官員見憨師是帶罪僧人，仍不免輕視。

在軍營內部，憨師曾實實在在地碰過一年釘子。他在《徑山雜言》中，曾講述這段經歷給弟子們聽，頗值得「玩味」。

按從軍規矩，憨山師每天得到直屬的「某總府」（或許指「總兵」）官署中報到點名。憨師心想，自己原是一位高僧，被冤屈貶謫到嶺南，「某總府」

應該多少給自己一點薄面，免去「報到」這一關。因為對憨山來說，「報！某某參見將軍」這句話，實在喊不出口來。

誰知道，「某總府」居然一點面子也不給；憨師在庭下站了幾個時辰，這位長官也不發話讓他退下。憨師心裡掙扎了半天，覺得那句話有千鈞重，就是說不出口；其艱難程度，大概和他在揚州第一次乞食時一樣。最後，憨師終於硬著頭皮大聲喊道：「報！某某參見將軍！」（憨師此時為還俗之身，未記錄在軍營裡用何姓名）

他一說出這句話，這位頂頭上司一揮手，就讓他退下做自己的事去了。第二天仍然如此，不出聲不讓走，這樣一直持續了一年。私底下，朋友們都為憨師抱屈，認為將軍是個武夫，哪裡知道破格優待善知識！

後來，憨師約這位長官一同去拜見總督陳大科。這位長官一改平時顏色，特別準備了一條船，船上還預備了豐盛的齋飯果品，請憨師到船上來，殷勤招待。

這位總府對他說：「在這裡，只有我能直接管束您。我知道您有一身傲骨，所以故意折辱，藉此打掉您身上的習氣，成全您做個真正的高僧。」

也不知道這位總府說的是不是真心話，或是見憨師結交極廣，怕因此得罪長官，所以改變態度。不過，他雖然無禮，客觀上則確實打掉了憨師身上的部分傲氣。憨師後來感慨地說：「宰官中大有深心人在！」

兩廣總督陳大科平時駐在端州（今廣東省肇慶市）；他性情耿直，法度嚴厲，平時沒有人敢私下裡打他的關節，走他的門路。但陳大科對憨師很看重；憨師初至時，還沒有來拜見他，他就先派人慰勞憨師，還幫憨師打點諸般從軍事宜。

萬曆二十五年九月，憨山師和丁右武一起去端州拜見陳大科，陳大科讓門役擋駕，婉言推辭。到了晚上，陳大科親自到憨師船上問候，還帶來了茶點果品；大家親切交談，直到三更才分手。

後來，陳大科到處向人宣揚，說憨師是「僧中麟鳳」，並介紹廣東省其他官員與憨師認識。

從此，嶺南都知道憨山師是有德行的高僧，同時也知道恭敬三寶了。

萬曆二十六年（一五九八年），憨山師五十三歲。正月時來了一位侍御（御史之一）樊公友軒拜訪憨師。他因為堅持建立太子為副主的意見，而被貶斥到雷陽。

他到五羊訪憨師時，憨師正在校對《楞伽筆記》。樊公問憨師：「雷陽風景如何？」憨師拈起經卷說：「這就是雷陽風景啊！」樊公聽了，感歎憨師超越凡俗知見的非凡胸懷，便發心為憨師募集資金，以刻印《楞伽筆記》。

## 「冠巾說法」

周海門廣為宣傳憨山師的高風亮節，於是時常有儒生聞名來拜訪憨師。有一個叫龍璋的儒生，一次聽到憨師議論佛法，心裡非常驚異，回去對他的朋友王安舜、馮昌曆說：「北來的一位禪師，說佛法非常奇異。」這二位聽後便來向憨師請教，憨師對他們開示了禪宗「向上一著」的道理。他們聽後即深信不疑，專志於禪宗的參究。

從此，五羊在這三人的宣傳影響下，來皈依憨師的人日益增多。憨師感慨地說，以前廣東的讀書人不懂得佛法僧三寶；自從周海門來弘揚陽明學術後，知識界才間接地瞭解了一些佛法。又由於龍璋等三位秀才的大力提倡，知識界這才開始親近佛法。他因此讚道：「此後法化大開，三生之力也。」

憨山師常回憶起達觀大師許下的誦經之願，但因一直沒有條件，所以未能遂願。到了夏天，憨師在山岩疊壁之間建了一座禪室，模仿大慧宗杲禪師「冠巾說法」的事蹟，召集了舊日皈依的弟子數十人，講經說法。

「冠巾說法」指的是著居士的衣冠、布巾，作俗家裝束而弘法。大慧宗杲禪師五十三歲時，門下徒子侍郎張九成因為岳飛、韓世忠等名將抗辯而獲罪，大慧禪師亦受牽連，被剝卻僧衣，以罪人身分貶庶衡州（今湖南衡陽）；之後，又再度受讒向南貶入瘴癘之鄉梅陽（今福建境內）。一代高僧，如是以居士的身分於坷坎、苦難中持續宣揚禪法；直到十五年後，於六十八歲始再度獲旨恢復僧籍，披上僧衣。

憨師一邊誦《法華經》、一邊為弟子說法。當誦到《見寶塔品》時，忽然悟入佛陀的深意：娑婆世界中，人人眼前就是現成的華藏世界；但釋迦牟尼佛先後講說聲聞、緣覺、菩薩三乘教法，實際上是因為眾生根器有限，無法理解現成的華藏世界，所以因材施教，前後三變。

另外，古代大德多數認為，《法華經》的後六品是流通品，不是經書的正文，憨山覺得這並沒有正確理解佛的意思；所以，憨山以自己的見解著手寫了一篇《法華擊節》。

萬曆二十六年秋天，憨師有了一些閒暇，便與鏡心靈洲和尚一同遊覽廣州附近的風景名勝。

在遊覽蘇東坡謫居過的「東坡堂」時，憨師讀到了蘇東坡一些「悟前生」的詩句，「爽然自失」，感覺這個地方、這些詩，自己非常熟悉，似乎自己的前生便是蘇東坡。

憨師青年時期，曾經在金山寺教過幾年書，並在金山寺的「棱（楞）伽室」中，見到了蘇東坡替張方平書寫的《楞伽經》手跡，這是金山寺珍藏的歷史文物。憨師見到東坡墨蹟，忽然渾身毛孔「熙怡悅豫，如春生百草」，感受非常強烈和異常，當時並不知道所以然。

身處蘇東坡往日遺跡時，憨師忽然明白了：自己便是蘇東坡，蘇東坡便是自己。他在給鏡心靈洲的法語中大發感慨：

是知天地一幻具，萬法一幻叢，出沒一幻跡，死生一幻場，江山一幻境，鱗甲羽毛一幻物，聖凡一幻眾，爾我一幻遇耳！

憨山師的弟子丁右武，生性急烈，為人慷慨，但只知敬僧，不知有佛法。萬曆二十六年冬天，丁右武被朝廷赦免，要回故鄉南昌；憨師送他到船，痛切開示，這時丁右武才幡然大悟。憨師便替他取了一個號叫「覺非居士」，又作了一篇〈澄心銘〉警策他：

真性湛淵，如澄止水；憎愛擊之，煩惱浪起。

起之不休，自性渾濁；煩惱無明，愈增不覺。
以我取彼，如泥入水；以彼動我，如膏益火。
彼亂我真，亂實我生；我若不生，劫燒成冰。
是故至人，先空我相；我相若空，彼從何障。
忘我之功，在乎堅忍；習氣才發，忽然猛省。
省處即覺，一念回光；掃蹤絕跡，當下清涼。
清涼寂靜，挺然獨立；恬澹怡神，物無與敵。

這首銘的大意是指：我們的真性實際上是澄清的，但人們喜愛擾動它，於是煩惱生起，再加上外在攀緣，更增無明煩惱。因此，修行之途，貴在反省；一旦煩惱習氣生起，就要及時發現，猛然驚醒，然後止觀雙運，才能制伏、斷除煩惱妄想，重現澄清本性。這也是憨師對弟子的告誡：要戒急戒躁、堅忍自省，才能獲得佛法真益。

萬曆二十七年，憨山師五十四歲。這一年春天，樊友軒捐資刻印的《觀楞伽經筆記》已經完成，憨師為弟子詳細講解了一遍。之後印刷了一百多部，遍送海內外佛教界的善知識和護法宰官。

廣州有一座法性寺，又稱光孝寺。南朝宋代，外國僧人求那跋陀羅帶著《楞伽經》到中國來，在法性寺修建了一座戒壇。前面提到，南朝梁代的西天智藥三藏來到中國，在戒壇邊種下一棵菩提樹，預言說一百六十年後，有位肉身菩薩在此受戒。到了唐代，六祖惠能果然來到法性寺，在菩提樹下受戒出家。從此，法性寺亦成為禪宗僧人心嚮往之的聖地。

憨師剛到廣州時，曾經去拜訪法性寺；當時敲了半天門，也沒有人出來迎接。後來得知，寺中的僧人很少，也不懂佛法，不知修行。

憨師在廣東宣揚佛法，改變了廣東的風氣，法性寺也受到影響，在短短的幾年內，已經變得人材濟濟，氣象全新。憨師在軍營裡築禪堂說法，法性寺的年青僧人們也過來聽講，後來又經常邀請憨師到法性寺去講經說法；住持一山和尚，與憨師頗有往來。

萬曆二十七年二月，一山和尚聘請憨師的俗家弟子歐伯羽為教授師，教寺裡的沙彌們學文化與經論，憨師對這件事積極支持。聘請老師要舉行個儀式，憨師便提議做個法會，地點選在法性寺毗盧殿的玄冥所。

法會開始的前兩天，憨師到寺裡去，弟子通炯與沖沖地跑過來告訴他，說院裡湧出了一朵金蓮花，請憨師去觀看。

憨師到那裡一看，樣子和多年前在報恩寺曾經見過的一模一樣，也是長在芭蕉樹上。他非常激動，認為這是禪宗復興的徵兆，隨後寫了一篇〈法性寺優曇華記並銘〉，講述自己平生兩見一聞優曇花的故事。

芭蕉樹長出特殊的金蓮花，也是轟動一時的盛事。歐伯羽和法性寺的僧人們因此組織了一個「曇花社」，學習研討佛法。每隔五六天，邀請憨師在菩提樹下講授一次，前後講了四個多月。憨師講授的內容，包括《法華經》、《楞嚴經》、《楞伽經》以及唯識經論等。

廣東風俗好殺，到了中元節，家家都要殺牲口祭祀先祖；這段時期，市場上被宰殺的牲口往往堆積如山，慘不忍睹。憨山師便建了盂蘭盆會，又講解了《孝衡鈔》，勸大家齋僧、放生，用蔬食祭拜先祖。

聽從的憨師勸導的人越來越多。從此，凡是遇到喪事、祭祀等大事，以及父母壽日，或者祈禳拜懺等，都舉行放生儀式，只辦素齋；後來，各地還慢慢成立了放生會。佛法的慈悲救世精神在憨師的宣導下，逐漸在這裡生根發芽。

### 關於「放生」及「斷肉食」

關於殺生與放生的說明。宋代高僧顧雲法師曾作〈戒殺放生〉詩，其中最著名的是這幾句：

千百年來碗裡羹，怨深似海恨難平；
欲知世上刀兵劫，但聽屠門夜半聲。

龍樹菩薩在《大智度論》中說：「諸餘罪中，殺業最重。諸功德中，不殺第一。」所以佛教特別注重戒殺與放生。

不僅佛教講究戒殺放生，這種習俗在中國古代也有淵源。先秦時期，孔子以舜為榜樣，強調保護動物，不濫殺濫捕。孟子強調惻隱之心，並以仁義思想啟發梁惠王。在《呂氏春秋・異用》和《列子・說符》等書，已有戒殺放生之說。

佛教傳入漢地後，曇無讖譯《金光明最勝王經・流水長者子品》為佛教放生提供了直接的理論依據。南北朝以來，放生習俗逐漸流行。北魏獻文帝下敕，勿用牲畜祭祀天地宗社，由此每年挽救了數萬牲畜的性命。北齊文宣帝實踐佛教的慈悲教法，提倡斷絕肉食，除必需外，禁止捕殺動物。梁武帝撰〈斷酒肉文〉，下敕以蔬果為宗廟祭祀用品，並實踐放生與布施二科。

由戒殺與放生從而也衍生了中國漢地僧人特有的「吃素」習慣。釋迦牟尼佛在世時，僧人乞食，居士供養什麼就接受什麼，因此佛陀並未禁止僧人食肉；除了象肉、馬肉、龍肉、人肉不得吃，其餘肉類，只要「不見殺、不聞殺、不為我殺」（三淨肉），皆可接受（見《四分律》，另有「五淨肉」之說，即不見殺、不聞殺、不為我殺、自死、鳥殘之肉。）

梁武帝依據《大般涅槃經》、《楞伽經》、《央掘魔羅經》等大乘經典，親自作〈斷酒肉文〉昭令執行。武帝詳舉各種理由：（一）僧人不斷魚肉，會有九項理由不及外道；（二）僧人不斷酒肉，也有九種嫌疑不如在家居士；（三）僧人食肉，會有遠離聲聞法、辟支佛法、菩薩道、佛果等四十六種修行障礙；（四）僧人食肉，將種下魔行、地獄種、恐怖因等一百一十六種惡因；（五）眾生肉即過去生有緣眷屬；一旦吃肉，便會有至親成為怨敵的果報；（六）噉食眾生，會產生理、事二障。

後世亦有《楞嚴經・卷六》明確指出：

阿難，我令比丘食五淨肉，此肉皆我神力化生，本無命根。汝婆羅門，地多蒸濕，加以砂石，草菜不生。我以大悲神力所加，因大慈悲，假名為肉，汝得其味。奈何如來滅度之後，食眾生肉，名為釋子。汝等當知，是食肉人，縱得心開似三摩地，皆大羅剎，報終必沉生死苦海，非佛弟子。

## 盂蘭盆會

每年農曆七月十五日為盂蘭盆節或盂蘭盆會，源自佛經《盂蘭盆經》，提倡佛弟子孝順父母、尊崇祖先；因合乎中國慎終追遠的傳統，於是在漢地益加普及。自梁代開始照此仿行；後來除設齋供僧外，還增加了拜懺、放焰口等活動。

《孝衡鈔》即《盂蘭盆經孝衡鈔》，宋代遇榮撰，二卷，是發揮和疏注唐代宗密大師所撰《盂蘭盆經疏》的著作。

萬曆二十八年（一六〇〇年），吏治腐敗，官員橫行民間，加上沿海倭寇騷擾，使得人心惶惶不安。憨山師見局勢不便於弘法活動，便分散了弟子，獨自閉關絕跡，深藏以避擾亂。

不過，該來的還是躲不掉。

會城一帶因荒年而糧食不足，常從福建用白艚運米過來，又叫「白糧船」；其從廣東海運到福建，屬於民運，弊端很多。一方面，官府和奸商借此夾帶私貨，牟取暴利；另一方面，運糧百姓要受多層盤剝，起運之後，會造成廣東本地糧價上漲。所以，廣東百姓對「白艚運」非常反感，也非常敏感。

萬曆皇帝派來的「稅使」太監李鳳，住在廣州，成天勒索廣東的官員。某一次，太監李鳳勒索逼迫憨師的老朋友總鎮王漢沖；王漢沖可能沒有滿足太監的要求，李鳳便蓄意製造事端陷害他。

新任總督（或稱制臺）戴耀，是福建人，他的公子要乘船回福建去，船就停在碼頭上，正巧有幾隻「白艚」也停在公子船的附近。李鳳便派人到民間造謠，說王漢沖要巴結新上司戴耀，用白艚給戴耀之子送重禮，照顧戴耀發財，坑害廣東百姓。

敏感的百姓們聽到消息後，群情激憤，聚集了幾千人，一面包圍總鎮府，一面包圍戴耀之子的船隻，用磚石砸船，幾乎要把戴耀之子的船隻砸爛，形勢非常危急。

當時，廣州城裡的官員們都到端州的總督府做例行的「節禮」去了，城中沒有主事的人。王漢沖非常著急；他自己是當事人，身分特殊，不能到百姓中解釋調停。危急時刻，王漢沖想到了正在閉關的憨師，急忙派自己的屬下中軍官去請憨山出面解救。

只是，憨師為難地說：「我並沒有什麼神術可以解決厄難啊！」

中軍官見狀跪下哭泣說：「憨師即使不考慮將軍的安危，難道就不考慮地方生靈的死活嗎？如果事態擴大，王漢沖和總督之子被百姓打傷甚至打死，總督一定會帶兵進城敉平民變；到那時玉石俱焚，百姓們就危險了！」

聽他這麼一說，憨師心中不禁惕然，即刻起身到稅使處，想辦法解決這場紛亂。

憨師在牢山海印寺時，曾有許多太監拜在他門下學佛，成為皈依弟子，這位太監李鳳可能也與憨師認識。所以，見面之後，憨師婉轉解釋，從容勸化，李鳳很快就認識到問題的嚴重性，因此改變了態度。他答應不再找王漢沖的麻煩；但是，百姓們群情激憤，他也沒辦法平息，讓憨師自己想辦法安撫。

隨後，憨師先來到亂民前說：「你們今天所要求的，無非是想吃價格便宜的米；但是，如果今天犯了大罪，就會有牢獄之災，甚至被送上法場。即使有了價格便宜的米，誰來吃呢？」亂民聽了都覺愕然，於是便紛紛離去。頃刻之間，官府之圍便解開了，父老們都十分感激憨師。

在端州行節禮的廣州官員們，聽到事變的消息時，正陪著總督戴耀用飯；聽說總督之子有生命危險，一下子全慌了。他們急忙趕回廣州，見事態已經平息，都鬆了一口氣，非常感激憨師。當然，最感激憨師的，還是總督戴耀和總鎮王漢沖。

## 智語息官擾

這年秋天，南韶觀察使祝公，請憨山師入駐曹溪祖庭。因為還是俗人身分，憨師便稱自己是去做「六祖奴郎」。

憨師乘輿而入，但是看見四方流民聚集在山門，有賭博的、開酒食店的、聚眾生事的，無所不有，整個環境被搞得非常汙穢。這積弊已有百年之久。更可嘆的是，墳墓占了祖山，僧產多被侵占，寺中不良惡僧還勾結外人挾騙寺產。種種亂象，真是令人不忍卒睹！

憨山師不禁嘆息說：「這是心腹之患啊！假使不除去，六祖的道場終將化為狐窟，永遠不可救藥了。這該如何是好？即使我一個人長期住在這裡又有多大的用處呢？」

憨師考慮了半天，只得去請總督戴耀幫忙。戴制臺說：「這事好辦，我以官方的名義為憨師去做。」於是下令，讓本地的官員以三天為限，將流民全部驅逐，不留一人；同時拆除侵占僧產的各色店鋪，不存片瓦。於是，山門百餘年的汙穢景象得以除去，市店的拆除也使得憨師能夠重新布置山門的格局。

戴總督的霹靂手段，對保護南華寺來說，見效很快；但是，也在民間留下了積怨。一旦有風吹草動，形勢變化，這些人只怕還會回來報仇，再起事端……

憨山師先將石坊移動到溪邊，修建旦過堂（供路過行腳僧暫歇之房舍）和公館接待各方禮佛之人和官員，山門遂成一大觀矣。

戴制臺留憨師過齋，談話間制臺說：「六祖道場的腥膻，我已為憨師洗淨了。目前地方生靈塗炭，大菩薩有何慈悲之法來救濟呢？」

憨師問：「地方紛擾又是什麼緣由？」

制臺說：「有一夥強盜盤踞在這一帶的海上，他們擁有採珠船千艘；近來欽差奉旨採珠，又增長了他們的勢力；採珠結束後，他們橫行於海上，到處劫掠，這是其一。其二是地方開礦，朝廷採役橫暴，甚至挖掘墳墓，破壞百姓財產，令百姓遭受毒害，這比強盜的劫掠更殘酷。有上述這二害，所以百姓不能安寧生活，請問憨師如何處置呢？」

憨師回答說：「此事不容易，容我慢慢再想辦法。」

朝廷派來的採珠使兼採礦使太監李敬，對佛教頗為崇信。不久之後他到曹溪進香，並在此住了好幾天。憨山師對他開示了佛法，他聽了非常高興；憨師並趁機勸他做重興祖庭的布施主，他慨然獨力承擔。

憨師見時機成熟，便私下對他說：「皇上派各位大人到地方上採珠、採礦、徵稅，原本只是為了充實國庫，並不是要搔擾百姓；但是，採珠船上的海盜們，借著皇家的勢力，肆意劫掠百姓，為害一方，就不是皇上的本意了。如果事情鬧大了，釀成禍患，皇上也會責怪大人您辦事不力。現在，依貧僧之見，您應該派人約束管理採珠船，出海採珠必須定下期限，逾期不回的要治罪。如此一來，既不延誤採珠，也不會對百姓造成困擾。」

李敬聽了覺得很有道理，不由得點了點頭。

憨師接著說：「採礦這件事也有很多弊端。差役們擾民很厲害，大人也應該加強管理；開採之後，應該立即撤回差役，命令地方官負責，每年按一定的數額運往京師。如此一來，大家都方便。」

聽了憨師的勸告之後，李敬很快就付諸實施，上奏萬曆皇帝，以海盜作亂為由，請求皇帝下旨停止採珠。外派的太監皆為皇帝的親信，所以萬曆皇帝很快批覆同意。採礦的事情，李敬也按照憨師指點的辦法，交由地方官負責押運，撤回了自己的差役。於是，廣東一省的百姓安寧了許多。

戴制臺很感激憨師的幫助，寫信感謝憨師：「今天我才知道佛祖慈悲廣大的胸懷！」他護法的信心因此更真切了。憨師也因為有他們的幫助，得以在曹溪安心弘法。

## 整頓曹溪祖庭

憨山師自秋天開始，開闢祖庭，改修道路，選擇優秀的僧人授戒，並設立了教育沙彌的義學；同時又設立了庫司清規，查閱了租課，贖回了僧產。

第二年，憨師又重修祖殿，改路徑，辟神道，移僧居，拓禪堂，又設立了新的清規戒律。僅在一年之間，曹溪祖庭百廢俱興，呈現出一派欣欣向榮的新氣象。

詳細說來，憨山師通過各種措施使得曹溪中興。第一步，是對南華寺寺院格局進行了重新布置。憨師認為，風水之說雖然不必盡信，但是寺院的格局還是應當符合應有的規範與陳設。

經過一番辛苦努力，寺院格局井然有序，如同天成。

憨山師並加強對於寺院僧人戒律功課的管理。寺院的興盛與寺院僧人的持戒修行是分不開的。當時南華寺的僧人多不守戒律，豢養牲畜，以恣宰殺；一方面，有官員到縣裡視察，都讓寺院提供牲畜食用，既有傷物命，又所耗頗多；另一方面，來祖庭禮拜的人帶來的也是葷腥之物，這也有違佛家的戒律。

憨山師認為這種弊病很重，難以根治。憨師多次請求官員嚴禁宰殺牲畜，但是都難以做到；直到觀察使顧公要到南華寺為親人祈福，齋戒令才得以真正推行實施。

經過憨師的努力，該戒律成為定制，戒養孳牲宰殺，變魚塘為蓮池，山門從此徹底改觀。

除了寺院殺生問題，憨山師還看到寺院僧徒毫無威儀，大多種花、養動物，舉止行為與凡夫俗子沒有兩樣，在祖殿侍奉香火的只有幾人而已。憨師便對僧人立下明確規定：凡四十歲以上的僧人，任由自便；二十以上、四十以下的，要日日登殿，按照四時做功課，有延誤的要受到懲罰。此外，憨師又為一百多位僧人授戒。

憨山師制定規矩，對於二十歲以下、八歲以上的行童，都要約束在寺內，設立三學館，延請儒家老師教授四書；三年有成的，可以剃髮為僧，進入禪堂，學習出家人規矩，誦讀書寫經典。

《夢遊集》記載，憨山師還因材施教，認為：「佛法所貴，熏聞成種。嶺南久無佛法熏習，以乏種子，故信心難生。」於是讓沙彌書寫《華嚴經》。

憨師認為，讓年輕的沙彌抄寫殊勝無比的《華嚴經》，一方面可以種下大善根、結大善緣。另一方面，借助攝心抄寫佛經的過程，有助於沙彌修行學道。開始的時候只有兩三人而已，後來人人都爭相抄寫；不到十年的時間，抄寫的

《華嚴經》有十餘部了。由此可見憨師採取的培養人才措施十分正確，成效十分顯著。

此外，還有財務問題。憨師在入山之後，看到寺院祖師借貸的券帖，進而問出了佃戶與管事一同作弊、租稅拖欠不交，導致寺院財政出現很大困境的情況。憨師於是選擇十位公正廉潔的僧人作為執事，讓他們對祖發誓，不私拿一分。然後又與各莊佃戶定立規矩，按期繳納。

而當初流棍們騙占寺產的常用手段，就是借貸抵押。寺中俗僧，為了生產需要、生活需要乃至享受需要，在外人的引誘欺騙下，從流棍們手裡借高利貸，而以寺裡的田莊、山場、房屋做抵押。

戴總督下令驅趕流棍，拆毀店鋪之後，這些流棍們雖然被趕走了，但手裡依然持有債券，仍對南華寺的一部分田莊、山場、房屋具有所有權，寺中僧人仍然欠著流棍們本錢或者利息。這些情況，仍然是南華寺的不安定因素。

憨師青年時期在南京大報恩寺，曾經有處理債務的經驗。他派人通知所有債權人及債務人，到南華寺祖師殿用齋，開會討論清欠問題。首先，將債務情況一一查實，當事人拿著債券互相對證、說明情況，然後商討解決的辦法。

憨師有官府做靠山，已經用驅趕的方式給了流棍們當頭一棒，餘威尚在。這些處理方法，基本上合乎情理，照顧到了流棍們的利益；但是，若按照原來的騙占情況，流棍們仍算是吃虧的。所以，當時有人考慮到，憨師此舉會招來流棍們的怨恨和報復。

憨師說：「這些人雖然做過壞事，心地不算善良，但本心中仍然一點天良；如果把事實道理對他們講清楚，他們知道自己有過錯，也不會不服氣。」

事實果然如此；流棍們沒有繼續鬧事，漸漸地都散去了。被騙占的產業全部回到南華寺名下，僧人們理清了債務，也能夠安心地修行了。

因為以前奸人誣告、官府處置錯誤以及佃戶奸頑拖欠，使得寺廟無法獲得正常收益。為了維護寺院的利益，憨山師多次親自前往官府申訴，最終從江河小艇以及「舊有蠱毒田」中徵稅，以補足寺院的支出。此事在憨師的努力之下得到妥善解決。

曹溪祖山後面有一紫笥莊，被稱為「小南華」，成化年間被豪強奪走，後被收回，萬曆年間又被豪強霸占。於是憨山師率僧人上告官府，最終行府和通判親自勘察，在憨師募捐二百兩白銀的幫助下，將前田以及後山場木全部買回，用來穩固禪堂，保全祖山。

在這件事情上，憨師和寺僧發生了分歧。寺中一部分僧人，認識不到建立禪堂以培養禪僧的重要意義，認為憨師此舉是侵吞「常住」，並傷害了南華寺十房僧人的經濟利益，後來因此鬧出了官司，又是另一段風波……

不過，憨山師所施行的一系列舉措保護了寺院的資產，使得寺院能夠在充足的資產下順利持續地發展起來。

一個團體中頗為重要的是管理問題。憨山師將寺院各個職務的數量、管理方面都寫得十分清楚；而且還規定，如果要更代的，也要選公正老成的人替代。對於不守寺院規定的，輕則革去其職位，重則解送官府，絕不姑息。

在制定了寺院管理制度之後，憨山師還對寺院各項開支做出了詳細規劃，各職位的僧人開支、祖殿養燈錢、正堂儒學的伙食費等，都有明確的支出數字，並嚴禁擅自修改收支制度，以保障寺院的良好運轉。

憨師在制定寺院的各種制度上也能夠按照平等公平的方式。比如，寺院在選擇監寺等管理者的過程中，都要選擇公正廉潔的僧人擔當，在重新選舉的時候也要選取老成持重的人擔當。在當時戒律鬆懈、寺院凋敝的情況下，憨師尤其注重戒律，特別強調對於小錯也不能縱容，以免鑄成大錯，因此對違反寺規的人絕不寬待。

另一個重點是禪堂。憨師說：「叢林之有禪堂，如國家之有學校，乃養育材器之地。」據歷代《傳燈錄》記載，在各地禪堂中參禪開悟的高僧有一千七百多位。而究其根源，都出自曹溪一脈；所以，南華寺的禪堂，應該是天下禪堂之祖。

但是，隨著歲月消磨，南華寺禪堂已經接近於湮沒。憨師到南華寺時，看見禪堂舊址一片狼藉，雜亂地修建了七戶僧房、兩戶廚房，另有廁所豬圈等八九處，清靜寶地和糞土差不多了。

憨山師認為本山禪堂乃是禪宗的根本之地，於是移出僧房等舊有房舍，由憨師募資建造了禪堂一座；規模不算太大，但已經筋疲力盡，難以做到更好了。當時有人曾計算過，憨師營建這所禪堂，前後花費大約一千多兩白銀，都是憨師本人一力承擔，真可謂千辛萬苦。

憨師並設立十方堂接待外來客人，設置內堂用來培養後學僧徒，重新建立起禪寺規模。在堂之僧濟濟可觀，儼然一大道場。

在曹溪的幾年中，憨山師可以說是殫精竭慮。在〈中興曹溪禪堂香燈記〉中，憨師寫道：

> 予平生以荷負法門為心，竟以此致譴。今在罪鄉，尤然念六祖法道之衰，乃誓匡持力救其傾頹。八年之內，無論所費不貲，即勞神焦思，冒險履危，辛

苦萬狀以經營之，言之未嘗不飲泣也。

以憨師經歷牢獄之災、充軍之苦尤能無所掛懷的胸襟，提及重整曹溪祖庭的這段過程時竟然會「飲泣」，其艱辛可見一斑，亦可見憨師悲心之深、願力之切。

正是因為憨山師的辛勤努力，並且循序漸進、步步小心、踏實，標本兼治，革除流弊，曹溪才能夠由凋敝獲得復興。

# 第五章　緬懷善友，法炬照世

憨山不歸，則我出世一大負；礦務不止，則我救世一大負；《傳燈》未續，則我慧命一大負。若釋此三負，當不復走王舍城矣。

明萬曆三十一年（一六〇三年），憨山師在曹溪寫信給達觀大師（紫柏真可），請他一起來重興祖庭。但因發生了震動社稷的「妖書事件」，達觀大師不幸被捕入獄。

## 鋼肩鐵膽一禪僧

萬曆二十八年（一六〇〇年），南康知府吳寶秀因拒絕執行朝廷徵收礦務稅的命令，被彈劾逮捕，其夫人哀憤自縊而死。此事對達觀大師刺激甚大。他曾經感慨道：「憨山不歸，則我出世一大負；礦務不止，則我救世一大負；《傳燈》未續，則我慧命一大負。若釋此三負，當不復走王舍城矣。」此時大師心中所念、信中所寫也都是此三大憾事，而這也為他種下了日後罹難之因。

門下弟子與憨山師等都勸他盡速離京，但大師表示：「吾曹斷髮已如斷頭，今更有何頭可斷！」大師慷慨激昂的言論終於引起朝廷鷹犬的側目。

明神宗萬曆皇帝正宮無子，恭妃生皇長子常洛，依照禮法應立為儲君；但皇帝偏愛鄭貴妃之子常洵，故不願意立儲，惹得滿城風雨，是為「國本」之爭。

萬曆二十六年（一五九八年），有人撰寫〈憂危竑議〉，稱呂坤與鄭承恩、張養蒙、魏允貞等支持鄭貴妃之子奪太子之位，神宗找不到作者，於是貶謫了可疑的戴士衡及樊玉衡兩人；武英殿大學士張位亦被指為主謀，一干人等又因而被貶，是為「第一次妖書案」。

萬曆三十一年（一六〇三年）十一月十一日清早，內閣大學士朱賡在家門口發現了一份題為〈續憂危竑議〉的揭帖，指責鄭貴妃意圖廢太子，冊立自己的兒子為太子。在朱賡發現之前一夜，此帖已在京師廣為散播，上至宮門下至街巷，到處都有。此為「第二次妖書案」。此帖大肆批評首輔（宰相）沈一貫與朱賡；沈一貫便乘機誣害東林黨人郭正域、沈鯉等人，並牽扯到許多稍有關係者，包括紫柏大師。

這實際上是朝廷內部的黨派鬥爭。紫柏大師因當時一直請求朝廷停止徵收礦稅，以免百姓蒙難，為此不停奔走在京師各界，從而遭到當權者的仇視。因此當權者趁機將大師牽連在「妖書」案中，大師遂蒙冤下獄。

紫柏大師和萬曆皇帝，本來也有過融洽的交往。有一次，萬曆皇帝書寫《金剛經》，不小心將汗水滴在經紙上，皇帝心裡疑惑，認為應該換紙另寫，就派人徵求紫柏大師的意見。紫柏寫了一首詩偈回答皇帝：「御汗一滴，萬世津梁；無窮法藏，從此放光。」萬曆皇帝看了很高興，就放心地繼續寫下去。這次紫柏入獄，皇帝雖然很生氣，但也沒有整死紫柏的意思。

然而，內閣首輔沈一貫，認為紫柏大師是沈鯉一派的人，便發狠心要置他於死地。在審理的過程中，刑部曾對大師動用杖刑。大師在〈臘月十一日司審被杖偈〉中云：

三十竹蓖償宿債，罪名輕重又何如？
痛為法界誰能薦，一笑相酬有太虛。

言下對杖責之痛並不以為意。不過，從十一月二十九日大師被捕到十二月十五日判罪，期間只有短短十五天，就草草結案定罪。對當權者有意置自己於死地，大師相當失望，深切感慨道：「世法若此，久住何為？」並囑咐侍者性田道：「吾去矣，幸謝江南諸護法。」

性田侍者聞言痛哭不已，大師呵斥道：「爾侍餘二十年，仍作此去就耶！」這是呵斥侍者看不破生死，不應做世俗痛哭之狀。並又說偈云：

一笑由來別有因，那知大塊不容塵；
從茲收拾娘生足，鐵橛花開不待春。

當時有位姓吳的讀書人也在場，吳生向大師請問佛法。大師遂作偈云：

「事來方見英雄骨，達老吳生豈夙緣；我自西歸君自北，多生晤語更冷然。」

說完便端坐而化。

獄中有位犯官曹學程，原來是御史，因為向皇帝進諫而被捕，也是紫柏的弟子。這時聽說大師要圓寂，趕過來告別；他趕來的時候，紫柏已經斷了氣。他撫摸著大師的手說：「師去得好啊！」大師又張開眼睛，向曹御史一笑而別。一時獄中香氣不絕。

遺體在獄中放了六天，顏色不改。出獄後暫時浮葬在慈慧寺外。第二年秋天，憨山的弟子德宗和一部分官員，將大師遺體起出，安奉在龕中，運送回南方，在徑山寂照庵供奉。

達觀大師逝世後，憨山師回憶起達觀師曾說過：「楞嚴經七趣因果，世間書籍沒有與它對應的注解。」憨師感念於政治的腐敗，官場的黑暗，和國家的興衰，並尋思：「《春秋》正是說明因果的書。」於是發心寫《春秋左氏心法》，用佛家的因果學說，闡釋儒家的《左氏春秋》，討論興亡治亂的規律，以說明因果報應是儒釋道三家共有的道理，進而闡釋不明因果而致的政治腐敗及人心墮落等問題，並提倡因果乃立世之本。惜原書已經失傳，僅於《夢遊集》中收錄了一篇〈春秋左氏心法序〉。

佛家本來講「三世因果，六道輪迴」，因為事涉玄妙，非佛教徒往往不能理解和接受。而歷史的興亡規律，可以稱為「現世因果」，種瓜得瓜，種豆得豆，歷歷不爽，故《易經》有所謂「積善之家，必有餘慶；積不善之家，必有餘殃。」這種說法，一般百姓更容易接受。所以，一般人都願意「以史為鑑」。

## 關於「因果」

憨山大師認為因果報應是儒釋道三家共有的，也是社會安定的基礎，因此大師寫《春秋左氏心法》、《道德經解》等以做三者共通之說明。

佛教所談的是三世因果，最為深刻。如《涅槃經》講：「業有三報，一現報，現作善惡之報，現受苦樂之報。二生報，或前生作業今生報，或今生作業來生報。三速報，眼前作業，目下受報。」

道教和儒家也講因果，一般只講現世，兼及子孫後福。如《太上感應篇》講：「禍福無門，唯人所召。」《文昌帝君陰騭文》講：「諸惡莫作，眾善奉行。永無惡曜加臨，常有吉神擁護。近報則在自己，遠報則在兒孫。」儒家以孝為本，不孝就會遭到天譴，也屬於因果報應。俗話云：「善有善報，惡有惡報，不是不報，時候未到；時候一到，一切全報。」

憨山大師主張因果為立世之本，如果每個人都能夠明白因果報應的道理，就會作一個行善積德的道德君子，甚至成聖成賢，社會就會安定和諧。

# 海南大地震

萬曆三十三年（一六〇五年），憨山師六十歲。這年三月，憨師渡過瓊海來到海南（瓊州），他應幾位官員朋友之邀，帶領弟子們，從雷州渡海，到海南島閒居遊玩。這是一段悠閒愉快的日子，憨師和弟子們被招待住進了瓊州城東北角的明昌塔院，天天講學論道，閒遊訪古。

蘇東坡曾被貶至瓊州，覺範禪師也曾被朝廷冤枉而發配嶺南。憨師訪尋了蘇東坡曾在此住過的桄榔庵和白龍泉，又尋找北宋德洪覺範禪師的遺跡，但結果沒尋到。

憨山師晚上住在明昌塔院。之後，憨師在此寫了一篇〈春秋左氏心法序〉，同時還寫有兩首讚美明昌塔的詩。

(一)大地浮香海，孤標湧梵幢；水天靈鷲現，火窟毒龍降。

日月懸空鏡，乾坤照夜缸；望雲彈五指，花雨墮虛窗。（登瓊州明昌塔）

（二）瓊海開龍藏，香幢出梵天；即看火宅內，從地湧青蓮。（明昌塔）

詩中佛教韻味十足，憨山師以梵幢、香幢比喻明昌塔，並以香海、夜缸描繪海南的景致，可見憨師來到海南之後受到海南美景的吸引，融入到海南空靈明淨的世外情景之中。

憨山師是在「妖書案」的背景下前往海南的；但是，來到海南之後，看到海南世外風景，煩擾頓時消弭無蹤。正是在這樣乾淨的環境下，憨師與弟子在明昌塔院之中居住了十天左右；在這段間內，慕名而來的眾人在明昌塔院內的文昌閣內相互談論佛法，弟子相互參悟佛道，多有受益。

憨山師在海南大約待了一個月的時間，在其走之後沒多久就發生了強烈地震。憨師在《自敘年譜》中提到了這次地震：

夜望郡城，索然若無人煙，唯城西郭，少有生氣。予因謂諸士子曰：「瓊城將有災。」急禳之，人以為妄。

憨山師在明昌塔內看到瓊州的山川氣息寂寥，好似沒有人煙一樣，城內也沒有生氣，心中有所感應，所以認為瓊州必定會有災禍；為了盡力消除災禍影響，憨師在郡城舉行了消除災禍的祭祀活動。不過，人們不相信憨師的話，覺得太離奇了。

當憨山師收拾行裝準備離開時，郡城的士大夫們苦苦相留，希望憨師能夠留下來多住幾天；憨師則反覆叮囑他們要注意災難之後方離去。憨師渡海北歸後不久，海南果然發生了地震，人們此時才想起憨師的叮囑。

明昌塔因這次地震受損嚴重，憨師在海南時居住的文昌閣也在這次災難中盡數粉碎。《萬曆瓊州府志》中記載：「三十三年五月二十八日亥時，地大震，自東北起，聲響如雷，公署、民房崩倒殆盡，郡城中壓死者幾千。地裂，水沙湧出，南湖水深三尺，田地陷沒者不可勝紀。」

據地方誌記載：「二十八日亥時忽然震動，初如奔車之輾，繼如風楫之顛，騰騰掣掣若困盤渦……須臾之傾，屋倒牆頹……再傳望雲樓忽沒不見，而四門無暉晛之舊觀矣。……明昌塔且斬焉如截矣。及查視東門內外一帶，則裂坼十餘處，而海口所裂陷最多。總總居民，死者死，徙者徙，而人煙且斷絕矣。」

到了二十九日午時又發生了地震，並且在此之後還經常有餘震發生，「城郭丘墟，人民傷死，田地廬舍裂陷崩阤，遠近災怪疊生，官民洶懼無措」。當時大地搖晃龜裂，聲鳴如雷，城池倉庫廬舍全都倒塌，一望平底，巍然高樓凹陷，只露出椽瓦。有的家庭數十口人只剩下兩三口，田地禾苗被地底噴出的水沙沖毀。

## 何不以神通救眾生？

憨山大師為什麼不消除地震？或者說，高僧能否扭轉眾生業力，拯救眾生於水火？關於這個問題，可以從釋迦牟尼佛的祖國滅亡來說明。

當時琉璃王率領大軍來消滅釋迦族。釋迦牟尼佛知道共業的果報即將成熟，但為了拯救祖國，佛陀只能盡力而為。佛陀獨自一人坐在軍隊必經之路上的枯樹下，等待琉璃王的大軍到來。

琉璃王率領大軍而來，他本來對釋迦族的人切齒痛恨，但鑑於佛陀崇高的威望，不得不勉強下馬，趨前問訊道：「佛陀，那邊有很多枝葉繁茂的大樹，您為什麼偏偏坐在這棵枯樹下？」佛陀神色莊嚴地說：「那些枝葉繁茂的樹下可以遮蔭，但是親族之蔭更勝於樹蔭。」

琉璃王聽了佛陀的比喻有所感動，心想：過去兩國交戰，只要遇到出家的比丘就會收兵，何況今天見到了佛陀，又聽到了這沉痛的比喻。於是便收兵回國。佛陀知道因果真實不虛，也默默返回。

琉璃王再次率軍來犯時，又在半途遇見佛陀，如此共有三次。到第四次出兵時，佛陀知道釋迦族的共業果報終難避免，除了惋惜外己愛莫能助。佛陀的弟子大目犍連具有神通，他請示佛陀，能否拯救釋迦族的厄運？佛陀告訴他，宿世罪業的果報，沒有人可以代受。

可是目犍連救人心切，仍想以神通營救他們。於是，他用缽盛裝了五百個釋迦族人出來；可是，出城一看，五百人已全都化為血水。他這才覺悟到，佛陀所說的因果報應法則是無法違背的。

從這個典故中我們可以看到，神通敵不過業力；佛法雖深廣，也度不了無緣之人。所以，憨山師也不能以自己的神通消除眾生的業力。

不過，這並不是說佛教本身並無力量；恰恰能說明的是，佛教是理性的、智慧的宗教。任何認為憑藉外力就能改變人生命運的做法都是迷信的，缺乏邏輯嚴密性，而且否定了人的意志自由。如果一個人無法憑藉自身力量解決問題，而只能完全依靠某位神通廣大的神靈，這個人還有自由意志嗎？而且，憑藉外力（神通）獲得拯救乃是「心外求法」，並非佛門之正論。

所以佛教說，眾生皆有佛性、眾生皆可成佛，這便是自救之本。在佛教諸法門中，即使是最講究諸佛願力（他力）的淨土宗，其修行根本也是信、願、行，其理論根基也是佛性相通，以信願念佛感通佛力，從而獲得拯救。若是眾生無佛性，則任何法門皆無用處矣。

這年四月，制府檄文，招憨山師回五羊。七月憨師到曹溪。這時祖殿已完成十有六七，但是修建時還拖欠工料費千金。憨師便向兩位內使化緣，償還了借款。憨師又修建了五羊長春庵，以作曹溪別院，為六祖大師辦供之所。

## 子然別曹溪

萬曆三十四年秋八月，神宗皇上的長孫誕生，朝廷大行恩赦，凡在充軍的老年有病者，及有錯貶的，都聽其辯明赦免。憨山師也在赦免之列。

第二年，憨師遷籍曹溪，在山中常為弟子說法。

憨山師幼年時曾讀老子《道德經》，因文古意幽，文句艱澀難懂，決心參究其中的義理。後經俗家弟子請求為《道德經》作注，便從萬曆二十年開始落筆構思。憨師一定參究透徹才落筆；如有一字未通，決不輕易放過。這樣努力了十五年，才完成了《道德經解》。

憨師曾說：「我在寫經注解時，總是凝神入觀，體契佛心，到了內心智慧明徹時，才寫在紙上，如果一涉思議，即不中用。」可見憨師所作文章，都是從般若心中流出的。

憨山師的《道德經解》，仍是站在佛教的立場上，以「三界唯心，萬法唯識」的佛法解釋道家思想，試圖融匯釋道二教，和以前的《觀老莊影響論》一脈相承。例如，《道德經解發題．發明宗旨》一章開頭便說：「老氏所宗，以虛無自然為妙道。此即《楞嚴》所謂分別都無，非色非空，拘舍離等，昧為冥諦者是已。此正所云八識空昧之體也。」

憨師於老子玄旨，多有神悟；而平議三教，常有高明之議論與提點。

## 《道德經》

傳說為春秋時期老子（李耳）所作，又稱《老子》，是道家思想的重要依據。

《道德經》分《道經》、《德經》上下兩篇。其文本以哲學意義的道德為綱宗，論述修身、治國、用兵、養生之道，其中頗多內容涉及政治，乃所謂「內聖外王」之學。因為《道德經》是中國本土宗教道教的重要經典，自古以來影響極大。

憨山大師竭盡心力注解《道德經》，乃是為了證明儒釋道三者的共通共融，也是為了論證佛教思想對於中土社會的重要性。憨山一生提倡儒釋道三教合一，對提高佛教的社會地位貢獻甚大。

萬曆三十六年，憨山師計畫修建曹溪大殿，四處化緣，以至木材運輸等各項事務都親自奔波。

第二年二月，憨師從端州運木材回來，被大風阻在羚羊峽。憨師趁機漫遊端溪，寫了一篇〈夢遊端溪記〉。

木材運到蒙江，憨師先入山。因大雄寶殿拆舊建新，需要騰出許多空地堆放各種材料器物；而大殿附近建有許多僧房，必須先把這些僧房拆掉，才能騰出地方。這些僧房裡的住戶，對此很不滿意，不願意拆房，所以便和憨師鬧起了意見。

憨山在改革南華寺的過程中，採取了許多措施，整理建築，培養僧材，嚴格戒律，加強修行，對原有的封建莊園主式的僧人生活有一定的打擊，損害了這些僧人的經濟利益。例如，憨師通過打官司贖回後山產業之後，沒有給寺中十房僧人平分，而把這項重要的經濟來源全部劃歸新建的禪堂，這使南華寺的保守僧人很不滿意。

另外，以前南華寺的重修工程，寺中原有僧人也都參與其中；當憨師因為「妖書案」的牽連，離開曹溪、重貶雷州後，寺中僧人接手負責重修祖師殿工程。待憨師重回南華寺時，發現這項工程虧空很多、欠債不少。也許憨師發現了其中有貪汙侵吞的嫌疑，所以這次修大雄寶殿，他刻意地繞開了寺僧，借助官府籌銀，一切銀錢都不和寺僧發生關係，這當然也引起了某些不法僧人的忌恨。

在一兩個不法僧人的挑唆下，南華寺許多僧人對憨師的行為提出質疑，聚眾鼓噪，反對憨師拆修大雄寶殿；憨師形容當時的情形為「亂如叛民」。

在僧人們騷亂的時候，憨師勢孤力單，有口難辯。只好一個人待在庵中，焚香靜坐，念誦《金剛經》。

在《年譜》中憨師自道，自己以前讀《金剛經》，只記得文句，並不理解經文的意義；此時亂中讀經，恍然大悟：「這一切，都是因為我太著相了啊！」

以前含辛茹苦、振興佛教的種種作為，其實都是執著於表相，並不是真正的佛法；重建南華寺禪宗祖庭，說起來也是幻夢一場，了無所得。

悟到這一層後，憨師放下身心，不管外頭的騷亂吵鬧，拿起筆來，寫下自己的新作《金剛決疑》。

寺中大部分僧人，在三天的吵鬧當中，經過憨師門下弟子的說服與勸解，漸漸明白了個別僧人的不良用心，不再和憨師為難，都退回去辦自己的事去了。鼓動鬧事的個別劣僧，因此處在孤立的局面。一場內訌的風波，暫時告一段落。

《金剛決疑》這部短小而重要的著作，對《金剛經》全文進行了詳細注釋說明；稿成時，大眾也寂靜了。

梵文為Vajracchedika-prajñāpāramitā-sūtra，是佛教最重要經典之一，自古印度傳入中國後，自東晉到唐朝共有六個譯本，以鳩摩羅什所譯的《金剛般若波羅蜜經》最為流行，唐玄奘譯本《能斷金剛般若波羅蜜經》是鳩摩羅什譯本的重要補充。

對於「金剛般若」一詞，有兩種解說：鳩摩羅什以金剛喻「般若」，以其能破壞一切戲論妄執而不為所壞；玄奘則以金剛喻「煩惱」，般若則是連如金剛石般堅硬的煩惱亦能斬斷，故譯為「能斷金剛般若」。綜而言之，不論依何種解釋，都是在形容般若之無堅不摧、可斷絕一切妄想戲論。

然而，風波未定。以南華寺住持願祖為首的幾個不法僧人，擔心事情過後，憨師通過官府報復自己，所以先下手為強，捏造了幾條罪狀，說憨師侵吞寺產、拆毀殿堂，向南韶道提出訴訟；此案被官府受理，憨師成了被告。

無奈，憨山師只好出門到官府申辯。誰知，這件案子被有意無意地擱置下來，無人審理。憨師奉命住在芙蓉江的船上，等候官府的問話，誰知一等就是兩年。這可說是憨師一生最艱苦的時期，盤纏很快用盡，身體也生了病。

經友人相助，總算撿回一命，第二年七月才到官府。經官府派人到曹溪調查實際情況，才知道憨師其實是被冤枉的，於是重懲了幾個奸僧。要不是憨師的寬恕，這幾人都難免一死。

當地官員見憨山師如此高潔，再三請憨師留住曹溪。但憨師見祖庭修建之事已經完成，因此力辭。他把寺廟管理之事安排妥當之後，自己一人飄然而去。

憨山師離開曹溪時，有付弟子詩十絕：

(一)千僧和合似靈山，大眾依歸豈等閒；不是曾蒙親囑付，如何得入祖師關。

(二)肉身現在即如生，朝暮茶湯出志誠；鐘鼓分明常說法，不須苦口再叮嚀。

(三)福田種子要深栽，因果如臨明鏡臺；親到寶山千萬次，這回不可又空回。

(四)辛勤作務莫辭勞，可想當年石墜腰；一息不來千萬劫，善根不種苦難消。

(五)莫教輕易過平生，如箭光陰實可驚；只恐氣銷三寸後，幾時再到寶山行。
(六)功德園林不可輕，腳跟步步要分明；莫教錯落隨他去，免使盲人又夜行。
(七)寸椽片瓦眾緣成，信施脂膏不可輕；切莫貪他驢糞橛，等閒換卻一雙睛。
(八)信心膏血重須彌，粒米莖薪不可欺；但看披毛並戴角，酬償夙債苦泥犁。
(九)幸生中國蚤離塵，身著袈裟遠六親；受用空門清淨福，如何能報祖師恩。
(十)少小能存向上心，毫芒終長到千尋；只須歷盡冰霜苦，始得成材出郭林。

這十首詩的大意是叮囑弟子要珍惜機緣，勇猛精進地修行；要從小立定向上參究的心願，廣種福田；若能出家為僧，即令歷盡風霜苦，亦應報祖師恩，得大成就。

# 第六章　駐錫廬山，行菩薩道

如愛他，被他害，累贅多因費管帶；一朝打破琉璃瓶，大地山河都粉碎。我勸君，不要擔，髑髏有汗當下乾；分身散影百千億，從今不入生死關。

明萬曆三十九年（一六一一年），憨山師在端州鼎湖山養病；有許多儒生聽說了這個消息，便來拜見憨師，請教儒釋道的相互義理。憨師便寫了一篇《大學綱目決疑》，以從佛教教理的角度來解釋《大學》所包含的深刻道理。

例如，對於《大學》開篇之說：「大學之道，在明明德，在親民，在止於至善。」憨山師認為，《大學》只是三件事，首先要悟得自己心體，故曰「在明明德」。其次，要使天下人個個都悟得與我一般，大家都不是舊時知見，嶄新作一番事業，無人無我，共用太平，故曰「在親民」。「其次」為已為民不可草草半途而止，大家都要做到徹底處，方才罷手，故曰「在止於至善」。

儒生們聽後覺得受益匪淺，其中不乏後來皈依佛門者。

## 重披袈裟

第二年，憨山師轉住五羊長春庵，對弟子講解《大乘起信論》、《八識規矩頌》和《百法明門論》等。又因為之前所著的《法華擊節》未分卷，文義聯絡不分，學者難以領會，於是又寫了一部《法華品節》。

> **《八識規矩頌》**
>
> 本頌乃法相唯識宗精髓，唐代玄奘作。玄奘留學印度，得那爛陀寺住持戒賢大德心傳，尤其在唯識、因明上造詣極深。歸國後組

織譯場，潛心翻譯。在譯得數百卷唯識經論之後，對八識體系融會貫通，於是用四組十二首七絕寫成《八識規矩頌》，以闡明唯識宗奧旨。

此八識行相心所緣性境、量、界地諸法，各有定數，所以稱為「規矩」。又因玄奘大師將此八識分為四章，每一章作頌一十二句，將五十一心所各配於本識位下，條理不紊，因此稱為「規矩」。又謂規矩乃正方圓之器，譬喻八識是範圍三界萬法的規矩；方圓不出規矩，萬法不離八識，此八識即是「規矩」。

## 《百法明門論》

全稱《大乘百法明門論略錄》，古印度世親著，唐代玄奘譯，論釋瑜伽行派的五位百法，是唯識宗依據的重要論書之一。

論曰：「一切法無我，何等一切法？云何為無我？一切法者，略有五種：一者心法，二者心所有法，三者色法，四者心不相應行法，五者無為法。」心法有八種、心所有法有五十一種、色法有十一種、心不相應行法有二十四種、無為法有六種，以上合計為百法。

萬曆四十年，憨山師在長春庵結夏安居，對弟子講解《圓覺經》。經文剛講至一半，突然發了嚴重的背疽，請來名醫也治不好，生命極其危險，以至於大眾都打算為憨師安排後事。

就在此時，來了一位本地土醫，一見憨師的背疽便說：「這個病很危險了，再過一會兒就沒救了。」他立刻到山上採了草藥，搗碎敷上，立刻就有了效果。到了冬天，背疽完全恢復。背疽好後，憨師寫了一篇文章表示感謝。

從憨山師初次坐禪激發背疽，到現在背疽徹底痊癒，整整過了四十八年。

據說此背疽乃是宿業怨債，雖然在這四十八年中常有發生，但都隨著憨師佛前祈禱而止，這一次卻最為凶險，也算是最後償還怨債了。

## 《圓覺經》

是《大方廣圓覺修多羅了義經》的簡稱。主要內容是佛入於神通大光明藏三昧，於諸佛眾生清淨寂滅平等圓滿不二所現淨土，為文殊菩薩、普賢菩薩、普眼菩薩、金剛藏菩薩、彌勒菩薩、清淨慧菩薩、威德自在菩薩、辯音菩薩、淨諸業障菩薩、普覺菩薩、圓覺菩薩和賢善首菩薩等十二位大菩薩，就有關修行菩薩道所提出的問題，宣說如來圓覺的妙理和修行方法。後收入《大藏經》之「華嚴部」。

唐代智昇《續古今譯經圖記》中，首次記錄此書為佛陀多羅

（Buddhatrāta）所譯，但譯出時間不詳，因此亦被疑為偽經。最早提倡此經的是華嚴宗五祖圭峰宗密，並為此經作了七部註解。

本經因譯出時間及譯者生平皆不詳，因此亦被疑為偽經。然而，因其義理深湛，唐、宋以來便是天台宗、華嚴宗、禪宗等宗派宣說頗盛的經典。

憨山師曾與湖南衡陽的士紳曾金簡結識。曾公做過「儀部」的官，現在已經致仕（退休）林下。他和憨師有過「南嶽休老」的約定，願意承擔憨師晚年的護法施主。

後來，曾金簡一連往廣東寫了十幾封信，邀請憨師移居衡陽；憨師因為當時正在養病，並忙於講經著述，一直沒有答應北行。

這次，嚴重的背疽治好以後，曾金簡又寫信來請；憨師覺得在廣東的緣法已畢，便同意到衡陽去。

萬曆四十一年，憨山師離開長春庵前往衡陽，有付嶺南弟子詩十絕，作為臨行前對弟子的開示：

(一)一落風塵二十年，相逢須信是前緣；自從衣鉢南來後，今日重拈直指禪。

(二)底事分明在己躬，不須向外問窮通；但能觸處回光照，莫被塵勞困主公。

(三)大道從來絕本真，多因分別強疏親；直須看破娘生面，方是塵中特達人。

(四)瘴煙飲盡齒猶寒，不記從前道路難；此去萬山深密處，雲霞五色座中看。

(五)廿載驅馳走瘴鄉，年來不覺鬢如霜；今乘一葉扁舟去，蹤跡應從萬壑藏。

(六)塵勞混跡久和光，只為拈提此事忙；千尺釣竿幾斫盡，海天回首更茫茫。

(七)一自歸依繞法壇，時時為乞此心安；莫言別去三千里，明月中天覿面看。

(八)時把綸竿見素心，竹枝唱罷幾知音；扁舟歸去霜天夜，明月蘆花何處尋。

(九)寒空歷歷雁聲孤，蹤跡從今落五湖；無限煙波寄愁思，片帆天際是歸途。

(十)為法寧辭道路賒，豈雲瘴海是天涯；頻將一滴曹溪水，灌溉西來五葉花。

這十首詩的大意是：修行途中不能心外求法，要念念反觀，勘破世間萬象，以淡泊出塵之心待世，以為法捐軀之心修行，將禪宗精神發揚光大。

抵達衡陽之後，在曾金簡的精心安排下，憨師在衡陽靈湖東邊的萬聖寺安居下來。衡陽有好幾處寺院，萬聖寺因為地處湖東，人們平時就稱它為「湖東寺」。

南嶽衡山是中國的五嶽之一，赫赫有名。衡陽這個地方，也有北雁南飛至此回頭的說法。另外，南嶽與佛教，尤其是禪宗，也大有淵源。

禪宗六祖惠能大師的門下，有兩位最著名的弟子，一位是青原行思，一位是南嶽懷讓，將禪宗發揚光大，衍化為五家七派。其中的南嶽懷讓，得法後就長年住在衡山。

由此可知，從曹溪出來的憨師，選擇南嶽衡山來隱居養老，也是大有深意的。

萬曆四十二年春正月，休養了一段時間的憨師，乘興遊覽武陵，到德山朝禮禪宗祖師宣鑑大師。武陵之行，不僅朝禮了德山祖師，還拜會了老朋友馮元成。當地大善寺僧眾聽說高僧憨師到了，便禮請他為眾僧傳戒，並為眾僧講解佛教戒律，在當地也算一件佛門盛事。

馮元成居士替憨師造曇華精舍，作弘法道場。夏四月，憨山師一行回到了衡陽湖東寺。這時，他得知慈聖太后歸天的消息，非常悲痛，便組織僧俗弟子，主辦了一次法會，為李太后超度。

太后逝世前，曾經下過一道恩詔，允許憨師重新披剃出家。憨師便在法會的靈龕前舉行出家儀式，剃去頭髮，穿上袈裟，再三禮拜謝恩。

憨山師在東海時曾立意寫《楞嚴通議》，因一直無暇寫作。到這年五月動筆，五十日稿成。適憨師高足悟心、顓愚來看望，憨師即作詩贈之：

空山擬伴老餘年，何意東歸上法船；
好待海門孤月上，話頭一為老僧圓。

這首〈送悟心融營座還京口〉的詩，表達了憨山師於山海寂寥中參禪悟道，清淨淡泊的心境。

另有一首開示病中如何自處的詩：

四大久觀如泡影，痛魔何處用潛蹤；
主人自有安閒法，只在無生一念中。

這首〈訊顓愚衡公病〉的詩，大意是說：對於病痛這件事情，要視為構成身體的地水火風四大元素不調產生的；有生必有死，身體本身就是夢幻泡影，對病痛又有什麼可擔心的呢？只要放下萬緣，一念反觀自性，就能安閒自在地生活。

萬曆四十三年（一六一五年），憨山師七十歲。這年春天，憨師為大眾講解《楞嚴通議》。四月，憨師著《法華通議》；因為《擊節》和《品節》都未能融貫《法華》全文，因此又作通議來補充其疏略。憨師又講解了《大乘起信論》，並寫了《起信論略疏》。

送別摯友

第二年，憨山師接到消息，達觀大師（紫柏真可）的遺骸在浙江徑山的寂照庵入塔已經十二年，因塔下有水，恐遺骸不安，近期將進行荼毗。憨師感念往日的法門情義，便決定東遊一次，親自參加紫柏大師的火化儀式。

此外，憨師亦想趁機拜會尚在人世的老朋友、悼念已經去世的老朋友，在經濟繁榮、人文昌盛、佛學氣氛濃厚的江浙地區，再弘揚一次佛法，為自己的人生作一個總結。

四月，憨師離湖東。端午節，到武昌禮大佛，遊九峰山禮無念禪師塔。六月到了潯陽（今江西九江市），遊佛教淨土宗的發祥地——廬山東林寺，並寫下〈東林懷古〉一文。

### 中國淨土宗濫觴

東晉元興元年（西元四〇二年）七月二十八日，高僧慧遠邀集劉遺民、雷次宗、周續之、宗炳、畢穎之等佛教居士以及慧永、慧持等僧人共一百二十三人，在廬山東林寺般若臺精舍阿彌陀佛像前，建齋立誓，建白蓮社，相期往生阿彌陀佛極樂世界。這標誌著漢地往生阿彌陀淨土信仰的開始，漢傳佛教淨土宗也自此逐漸形成。

夏天在金竹坪避暑，登上廬山憑弔徹空禪師塔。徹空大師在萬曆初年，曾到五臺山修行，與憨師住在一起，交流佛法，結下了深厚的友誼。後來，徹空大師到了廬山，與建黃龍寺，弘揚佛法，名聲遠播。當憨師晚年來到廬山時，徹空大師已經圓寂了。憨師懷著沉痛的心情，寫了一篇祭文追悼故人。

憨師並利用避暑的這段寶貴時間，完成了生平另一部重要著作《肇論注》。

關於《肇論》，在晚明的佛教史上，曾經有一次劇烈的學術爭論。

隱居五臺山後，因和妙峰禪師共同舉辦無遮法會，從京師邀請了一大批高僧來參加；其中有一位鎮澄空印法師，精研佛學，智慧過人，頗得憨師和妙峰的青睞。有一次，憨師將自己研讀僧肇大師《肇論》的心得告訴鎮澄法師，希望得到鎮澄的首肯；沒想到，卻引起鎮澄的強烈反對。鎮澄認為，僧肇大師的《物不遷論》寫得不好，是外道見解。兩人爭執許久，互相不能說服。

不久，憨師離開五臺山，到牢山隱居。這期間，鎮澄法師和憨師通過書信，堅持以前的觀點，並深入研究，繼續討論。鎮澄還寫了《駁物不遷論》一書，全面闡述自己的觀點，公開刻印發行。當時的佛學界一片譁然，海內的著名大德紛紛撰文批駁鎮澄，討論得非常熱烈。

憨師在廬山金竹坪注《肇論》時，鎮澄法師尚在人世，住在五臺山；兩人的私人交情，並沒有因為劇烈的爭辯而改變。萬曆四十五年，鎮澄法師圓寂；次年，憨師在廬山隱居，鎮澄的法孫上山拜謁，特地請憨師為鎮澄撰寫塔銘。

憨師在塔銘中肯定了鎮澄的佛學成就，讚歎了鎮澄的高僧風範。

## 《肇論》

後秦僧肇（西元三八四至四一四年）是鳩摩羅什門下著名弟子，被譽為「解空第一」。

僧肇之著作，依各經錄記載有十五、六種之多，非常豐富；其中，真能代表其思想並且自成體系的，便是上述提及之〈般若無知論〉、〈不真空論〉、〈物不遷論〉、〈涅槃無名論〉等四篇論文；加上〈答劉遺民書〉及〈宗本義〉，後人將之彙總編成《肇論》一書流行於世。是系統發揮佛教般若思想的論文集。

《肇論》具有完整的哲學思想，對當時玄學所提出的各種問題予以解答，並系統地闡發佛教般若思想，具有極高的理論思辨水準。

又由於《肇論》文辭典雅、哲理性強，為中國古代少見的哲學專論，歷來便受到中外學者的研究與重視，目前已譯為英、日等國文字流傳於世。

憨山大師二十九歲時曾讀《肇論》有悟，寫下「死生晝夜，水流花謝，今日乃知，鼻孔向下」的偈子。

江西廬山（又名匡山、匡廬）的幽勝環境，使憨師產生了在此歸隱之意，於是遊覽了全山勝景，並一路隨緣弘法。七月，遊歸宗，登金輪峰，禮舍利塔，又在這裡留下一些詩篇。這時，有僧人把五乳峰讓給憨師；憨師見環境相當幽靜，非常高興，後由弟子們在此建造精舍。

八月，憨山師到匡山黃梅禮拜禪宗四祖道信和五祖弘忍。入紫雲山，過桐城，遊浮山，登九華，抵金沙，渡梁溪，達惠山，過吳江；一路上會好友、談佛法，最後到達徑山寂照庵。

十一月十九日，達觀大師的荼毗儀式正式舉行。「荼毗」為梵文 jhapita 之音譯，意即火化遺骸的意思。

憨山師於法會上舉起火把說：

性火真空，性空真火，狹路相逢，定沒處躲。恭維紫柏尊者，達觀大和尚，偶來人世，誤落塵寰。赤力力，脫盡娘生花衫；光爍爍，露出本來面目。荷擔正法，純剛練就肩頭；徹底為人，生鐵鑄成肝膽。生死路上，直往直來；今事門頭，半開半掩。六十餘年，松風水月襟懷；千七百則，兔角龜毛拄杖。鐃地未後風流，未免藏頭露尾。撇下贓私，誰料落在憨山道人手中。今日特為人天眾前，當場拈出，大眾還見麼？

說完，拿火把畫了一個圓相，念出一偈：

拄杖挑開雙徑雲，通身湧出光明藏；

珍重諸人著眼看，這回始信無遮障。

念完，把火把丟進柴堆，熊熊大火燃燒起來。在諸多門人弟子和朋友的虔誠注視中，達觀大師的遺骸漸漸化為灰燼。

佛祖釋迦牟尼涅槃火化以後，曾經留下八萬四千舍利子，在各處供奉，成為佛教的至寶。一般的高僧火化後，也會出現舍利子，達觀大師也不例外。十一月二十五日，也就是火化後的第六天，憨山師和眾弟子一起，撿拾達觀大師的舍利，供奉在文殊臺。

隨後，達觀大師的弟子法鎧，為師父修建了一座舍利塔，將舍利安奉進去。憨師又撰寫了一篇〈塔銘〉，詳細記錄達觀大師的生平，對達觀大師的成就給予了高度評價，也道出了達觀大師生平的用心與遺憾：

予度嶺南五年，師以予未歸初服，每嘆曰：法門無人矣！若坐視法幢之摧，則紹隆三寶者，當於何處用心耶？老憨不歸，則我出世一大負；礦稅不止，則我救世一大負；傳燈未續，則我慧命一大負。若釋此三負，當不復走王舍城矣。

王舍城是佛祖釋迦牟尼長期居住修行的地方；佛陀逝世後，弟子們在王舍城舉行了第一次佛教結集，王舍城因而成為佛教聖地之一。

達觀大師時時刻刻念茲在茲的是人民幸福與佛法弘揚；然而，大師這三負，在世時都沒有一件能圓滿成功，這責任無疑留給了憨山師。

## 莫做擔板漢

處理完了達觀大師的後事，憨師東遊的初衷已經完成。此時正逢佛教徒結冬安居過年的時候；在達觀大師眾弟子的挽留下，憨山師徒便在徑山暫居下來。

徑山本是宋朝著名高僧大慧宗杲禪師的道場，有良好的修行風氣，興盛時有一千多位僧人在這裡修行。近代雖然有所衰落，但達觀大師及其弟子們，把刻印方冊大藏經的地點選在這裡，往日的氣象也就有所恢復；不僅有許多僧人工匠從事刻經工程，也有許多慕名前來修行的僧人和居士。

禪堂裡冬季常要打「禪七」，藉以剋期證悟。現在，寺裡住著這麼一位難得的導師，眾禪僧當然不肯放過，懇請憨山師開示；憨師當然也不遺餘力，認真指導。他開示的法語，後來整理成一篇《參禪切要》。

《參禪切要》提出了禪教相融的觀點，即主張不立文字的「禪」、與以學經解讀證悟為主的「教」，實際上並無衝突，而且可以相互印證、相互融合。憨師還指出了禪宗修行的正確方法，對於因為參話頭不當而出現的各種弊端都有詳細開示，實在是一本參禪悟道的寶書。

例如，就「參話頭」而言，憨山師認為：

禪宗一門，為傳佛心印，本非細事。始自達摩西來，立單傳之旨，以《楞伽》四卷印心。是則禪雖教外別傳，其實以教應證，方見佛祖無二之道也。其參究工夫，亦從教出。此何以故？只為學人八識田中，無量劫來惡習種子，念念內熏，相續流注，妄想不斷，無可奈何，故將一則無義味話，與你咬定，先將一切內外心境妄想，一齊放下。因放不下，故教提此話頭，如斬亂絲，一斷齊斷，更不相續，把斷意識，再不放行。此正是達摩外息諸緣，內心無喘，心如牆壁的規則也。不如此下手，決不見自己本來面目。不是教你在公案語句上尋思，當作疑情，望他討分曉也。

這段話的意思是說，參禪屬於教外別傳，但並非與教理無關；恰恰相反，參究工夫亦從教理出。因為修學者從無始劫以來，前世種下的諸多善惡念頭，在心中糾纏不清，所以禪宗才提倡參究一個能夠斬斷思維妄念的話頭，這實際上和依教修行並無兩樣。參話頭就要在斬斷思維上下功夫，而不是在語言文字上琢磨分析。

同時期，因為法鎧請教法相唯識宗的一些問題，憨師便寫了一本《性相通說》以詳細解釋法相唯識宗的主要教義和內在奧旨。

## 法相（唯識）宗

八宗之一。為窮明萬法性相之宗，故名法相宗，此目取《解深密經・一切法相品》之名而立。又依《唯識論》明萬法唯識之理，故名「唯識宗」，此目取《解深密經・分別瑜伽品》之意。此二者為通稱。

唐代慈恩寺窺基，大成此宗，故有「慈恩宗」之名。經以《解深密經》，論以《瑜伽師地論》、《成唯識論》等為所依。在印度，據傳佛滅後一千年中，無著菩薩由阿逾陀國講堂夜夜升兜率天，就彌勒菩薩聽受《瑜伽師地論》，晝日宣說之於大眾，而成《瑜伽師地論》百卷是也。其後無著之弟世親，造《唯識頌》，助成其義，彼土名為「瑜伽宗」。

這段時間，憨師還寫了一篇〈擔板漢歌並引〉，流傳甚廣，茲引於下：

徑山法窟，自大慧中興臨濟之道，相續慧命，代不乏人。近來禪門寥落絕響，久矣。頃，一時參究之士，坐滿山中，至有一念瞥地，當體現前，得大自在者。

惜乎！坐在潔白地上，不肯放捨，以為奇特，不知反成法礙也。教中名所知障。所以古德云：「直饒做到『寒潭皎月，靜夜鐘聲，隨叩擊以無虧，觸波瀾而不散』，猶是生死岸頭事。」所謂「荊棘林中下腳易，月明簾下轉身難」，名「抱守竿頭」。靜沉死水，尚不許坐住，說有未到瞥地，偶得電光三昧，便以為得，弄識神影子者乎！此參禪者得少為足，古今之通病也。恐落世諦流布，疑誤多人。有請益者，乃笑為〈擔板漢歌〉以示之。歌曰：

擔板漢，擔板漢，如何被他苦相賺？只圖肩上輕，不顧腳跟絆。縱饒擔到未生前，早已被他遮一半。

這片板，頂上枷，渾身骨肉都屬他；若不快便早拋卻，百千萬劫真怨家。

坐也累，行也累，明明障礙何不會？只為當初錯認真，清門淨戶生妖魅。

開眼見，閉眼見，白日太虛生閃電；乾闥婆城影現空，癡兒認作天宮殿。

要得輕，須放下，臭死蝦蟆爭甚價；烏豆將來換眼睛，魚目應須辨真假。

有條路，最好行，坦坦蕩蕩如天平；但不留戀傍花柳，管取他年入帝京。

捨身命，如大地，牛馬駝驢不須避；果能一擲過須彌，劍樹刀山如兒戲。

如愛他，被他害，累贅多因費管帶；一朝打破琉璃瓶，大地山河都粉碎。

我勸君，不要擔，髑髏有汗當下乾；分身散影百千億，從今不入生死關。

「擔板漢」是佛教中常用的一個說法，意為只關心自己生死大事的「自了漢」。通常的說法是：一個人的肩頭擔著一片木板，既負擔沉重，又遮擋視線，只能看見一邊，看不見另一邊。另一說法為，這個「板」字是指「棺材」；「擔板漢」就是扛著棺材走路的人，也就是時時關注自己的生死，自死自埋、自了生死。喜歡坐禪修定的人，往往會片面追求延年益壽、五眼六通，以及最後的羅漢果位等。

憨師寫這首歌，目的就是要引導僧人們趨向大乘，在「利樂有情，莊嚴國土」中修菩薩道。憨山師本人以前也曾在深山老林裡坐過禪，這種境界他領略過；但他後來積極入世，普度眾生，弘揚佛法，可說是過來人的真實體驗。

〈擔板漢歌〉以憨山師數十年精進修行方得大徹大悟的經歷和經驗為基

礎，對當前參禪者得少為足、錯認境界的弊病進行了糾正，揭示了參禪悟道的原理宗旨和修行途中應當注意的事項，希望參禪者不要錯認消息，不要以偶然定境所得就自大貢高；即便偶然有所得，往往也不過是電光三昧，離明心見性還差得遠。因此，修行者要徹底放下我執、法執，徹悟空性，大開圓解。

〈擔板漢歌〉那深含理性的生動言句，使人明瞭參禪的路頭風光及其到家的消息，的確是宗門實修的指南。

## 杭州弘法

萬曆四十五年，憨山師七十二歲。正月在徑山為大眾說戒，結束後辭別徑山大眾，到杭州西湖邊的雲棲山弔唁雲棲袾宏蓮池大師。

憨山在五臺山隱居時，蓮池大師雲遊到五臺，兩人曾經暢談過，結下了友誼。後來，蓮池大師參禪悟道，回到故鄉浙江，重興了雲棲山伏虎禪師的道場雲棲寺，率眾修行，提倡淨土宗，禪淨雙修，影響非常大。大師於萬曆四十三年圓寂。

這時，雲棲大師的弟子千餘人，殷切地在山中等待憨山師的到來。憨師在禪堂裡對大眾詮釋了雲棲大師的生平事蹟和修行歷程，弟子們聽著聽著，有的落下了眼淚，發出悲泣的聲音。

之後，憨山師應四眾弟子的祈請作了〈古杭雲棲蓮池大師塔銘〉。憨師在銘中讚歎蓮池大師道：

欲海橫流，三毒熾然，孰能遏狂瀾以清烈焰？自非應身大士，又何能醒顛瞑而朗長夜？時當後五百年，尤難其人，是於雲棲大師深有感焉。

這段話的意思是說，在當前欲海橫流，人心墮落，道德淪喪，天災人禍的當下社會，有誰能夠力挽狂瀾，傳播佛教正法以挽救眾生呢？如果不是法身大士，是難以引導眾生在黑暗中趨向光明的。這不就是蓮池大師一生傳法度眾的所作所為嗎？

憨山在雲棲暫居時，有位聞子將居士的家眷們向他請教念佛法門；憨師便結合在家人修行的特點，講述了一篇《念佛切要》。

這篇用口頭語整理成的文字，是憨山師老婆心切，反覆叮嚀，讀起來難免顯得重複囉嗦。但他勸說念佛人，首先要斷愛欲、出離生死，才能往生淨土，確實是切中了要害。

離開雲棲山時，玄津法師、譚孟恂居士以及許多儒生紳士，留請憨山師在淨慈堂說菩薩大戒。

憨山師到杭州祭悼蓮池大師期間，還特地去淨慈寺禮拜了永明延壽大師塔，駐錫宗鏡堂長達旬日，並應大壑禪師請求，撰寫了〈宗鏡堂記〉。在這篇記中，憨山師除簡述宗鏡堂「因《宗鏡錄》以顏堂」的緣起外，還對延壽編集《宗鏡錄》的背景、過程、意義等作了精闢分析。

憨山師指出，佛滅後西域諸師以唯心、唯識立性相二宗，由於互不包容，相互攻擊，已經出現了「冰炭相攻，以至分河飲水，破壞正法」的情況。而佛教傳入中土不到三百年，達摩西來，遂有教外別傳之禪宗，六傳至曹溪而下，南嶽、青原之後五宗競起，「由唐至宋，其道大盛，於是禪教相非，如性相相抵，是皆不達唯心唯識之旨，而各立門戶。自梁唐而宋，四百年來，海內學者，翹翹競辨，卒不能以大覺，以折中之。於是大師愍佛日之昏也。」

憨山師認為，延壽大師已經深切認識到唯心與唯識的對立、禪教之間的對立，是危害佛法的根源；於是悲法運之衰，為續佛慧命，使佛日重輝，乃聚集學僧，博閱義海，更相質難，以心宗衡準而成百卷《宗鏡錄》。憨山師讚揚延壽大師：

> 良以眾生之執迷久矣！雖性、相、教、禪，皆顯一心之妙。但佛開遮心病，末後拈花，自語而自異，卒無以一之。由是執筌之徒，認指失月，孰能正之？世尊入滅二千年矣！自非大師蹶起而大通之，竊恐終古嘵嘵，究竟了無歸寧之日也。是知大師厥功大矣。集吾法之大成，使釋迦復起，功亦無越於此者。豈非夫子賢于堯舜遠耶！

憨山師由此也認為，性相、教禪其實源於一心，相互交融，並無衝突：「性相、教禪，皆顯一心之妙。則何法而非祖師心印，有何性相、教禪之別乎？」

## 永明延壽禪師

永明延壽（西元九〇四至九七五年），唐末五代高僧。少時能誦《法華經》。錢文穆王時，大師作稅務官，見到市場上的魚蝦飛禽等動物就買來放生；自己的俸祿用完了，就用官府公家的錢來放生。後被告發，當坐死罪，押赴市曹處斬。大師臨刑時鎮靜自若，說：「吾于庫錢毫無私用，盡買放生命，莫知其數。今死，徑生西方極樂世界，不亦樂乎？」文穆王聞後便將大師免刑釋放。

被釋放後，大師投明州翠岩禪師出家。次參天台德韶國師，發明心要。受禪宗法嗣，為法眼宗第三代祖師。後大師一意專修淨土法門，又為淨土宗六祖。

宋建隆元年（九六〇年），大師受吳越忠懿王邀請，復興杭州靈隱寺。次年遷住永明寺（今杭州淨慈寺），接化徒眾。大師住永明十五年，弟子數千人。

永明延壽大師著作宏富，有《宗鏡錄》、《萬善同歸集》、《神棲安養賦》、《唯心訣》、《受菩薩戒法》等六十餘部（篇）問世。《宗鏡錄》一百卷，廣搜博覽，對當時各宗派間之宗旨分歧持調和態度。高麗王見此書，乃遣使敘弟子之禮，並派國僧三十六人前來學法。

永明可謂一代碩學。憨山師對延壽大師極為尊崇，曾擇歷代先德中的佛門龍象撰有《八十八祖道影傳贊》，其中《延壽道影贊》曰：「乘大願輪，出為法瑞，總持門開，眾行畢備；懸一心鏡，朗照萬物，佛日中天，無幽不燭。」除此簡短贊偈外，憨山師還寫有一篇《永明大師贊》表達仰慕之情，序文與讚語如下：

稽首大師光明幢，普照法界清淨藏。乘大願輪示三業，特為群生開正眼。親傳佛祖祕密印，融通教海歸一心。陶鎔聖凡非比量，頓入實相三昧海。百千妙行顯唯心，萬善同歸一真諦。思惟自有三寶來，此土唯師能護法。

憨山師在杭州的消息傳開後，全國許多高僧大德慕名而來；他們聚集於西湖，各抒己見，相互探討，乃至提出種種疑問或詰難，憨師都一一予以答覆。法會的氣氛十分熱烈，可以說是當時非常少有的殊勝聚會。

據傳，憨山師的工夫早入三昧，雖然到處弘法，卻不須塵拂和錫杖隨身。憨師的面色如玉一般光潤，行住坐臥具足威儀。即使在酷暑中行走，也無半點汗水。晨夕盥沐時，盆中之水依舊清澈無濁。憨師總是雙跏趺坐，無論開眼合眼，二六時中，常在定中。不論是日間或夜裡，一聞他人啟請法語，即眼光如電，言出法隨。

憨師上堂說法時，辯才無礙，一開口就是數千百字，暢若江河，而且聲如洪鐘，震動堂外。憨師提筆寫開示法語時，不起於坐，敘述數千百字，筆無停留。平時，憨師左手握佛珠，右手握一柄白竹為骨的折扇，無論冬夏常在手中；不是為了扇涼，而是隨順機緣，當案一擊，點化眾生。

後來，憨山師遊歷靈隱、三竺、西山等名勝，隨行陪同、瞻仰、請教者絡繹不絕。城中官員百姓居士等再三懇求憨師留在雲棲山，憨師只好答應三年之約，大眾才依依不捨地答應憨師暫別，並舉行了盛大的放生儀式為憨師送行。

同時期，玄津法師、譚孟恂居士將憨山師以前遊歷中所作的零星作品，整理成《東遊集》四卷刊行於世。

# 第七章　自在坐脫，肉身不壞

師端坐而逝。是夜，毫光燭天，群鳥悲鳴，緇素哀慟，聲撼山谷。化去，端坐三日，面皙唇紅，手足綿軟，如入禪定。

明萬曆四十五年（西元一六一七年），憨山師七十二歲，一行人回到廬山，暫居歸宗寺。

## 建寺說法

六月，在弟子福善的負責下，法雲寺破土動工。憨師為了追效廬山慧遠大師六時念佛的芳規，囑咐弟子在佛殿中精造西方三聖像。十月底，法雲寺第一間供憨師起居的靜室落成。

萬曆四十六年，法雲寺開始修建佛殿和禪堂；十二月，佛殿和禪堂竣工。

## 慧遠大師

慧遠（西元三三四至四一六年），俗姓賈，東晉高僧，中觀般若學大師。於東晉太元十五年（三九〇年）在江西廬山建立東林寺，故世稱廬山慧遠或東林慧遠。

慧遠大師提倡念佛往生阿彌陀佛西方淨土的修行法門，在東林結蓮社，率眾精進念佛，共期西方；蓮社一百二十三人，均有往生淨土的瑞相。

大師著作被後人整理為十卷五十餘篇，現存主要有《大智論要略》、《問大乘中深義十八科（並羅什答）》、《大智論序》、《阿毗曇心序》、《三法度序》、《妙法蓮華經序》、《明報應論》、《修行方便禪經序》、《辯心識論》、《法性論》、《沙門祖服法論》、《釋三報論》等。其中《沙門不敬王者論》影響極大，奠定了出家僧人不拜世俗皇帝王公的傳統。

慧遠大師被後世尊為淨土宗（蓮宗）初祖，下有善導、承遠、法照、少康、延壽、省常、蓮池、藕益、截流、省庵、徹悟、印光諸位大師。蓮池、藕益皆屬明末四大高僧。「西方三聖」為西方極樂世界阿彌陀佛，以及觀世音、大勢至兩大脅侍菩薩。憨山大師一生提倡禪淨雙修，除廣弘禪宗外，對淨土法門也極為推崇。



法雲寺的第一間靜室落成之後，憨山師便開始給弟子們講經，內容為《楞嚴經》和《大乘起信論》。次年，殿宇修成後，憨師在正月開始諷誦《華嚴經》，在此期間並為大眾講解《法華通議》。到了夏季，憨師又為大眾講解《楞嚴經》、《大乘起信論》、《金剛經》、《圓覺經》、《唯識論》等。

萬曆四十七年八月十五日，講經法會圓滿後，憨師閉關靜修，謝絕一切外緣。在靜室中，憨師仿效慧遠大師以刻香代漏，六時念佛，專意西方淨土。

## 《唯識論》

即《成唯識論》，是法相唯識宗立宗的主要經典。其內容以大乘佛教唯識宗祖師世親的《唯識三十頌》為主線，由唐玄奘法師與其弟子窺基，以印度十大論師的釋論百卷，揉譯為識論十卷，最能體現法相唯識學派的基本思想。

本論主要的重點是解釋：一、眾生的生理是什麼？二、心理是什麼？三、心理與生理合在一起會如何？四、心理與生理和外界的關係又如何？五、如何運用？六、如何循序超越身心諸般障礙、證成佛果？

後代佛學弟子對《成唯識論》的注釋很多，其中最具權威者當推窺基大師所撰的《成唯識論述記》。

之後，憨師又考慮到華嚴一宗的經典可能會失傳，因為清涼澄觀大師的《華嚴疏鈔》內容淵博深邃，文廣義繁，學者心志不及，大多不敢深入。於是憨師取疏中大旨，開始落筆撰寫長達八十卷的《華嚴綱要》，以引導學者通過綱要來理解疏鈔，進而瞭解《華嚴經》，因受持經文而明白自性。

門人顓愚觀衡曾這樣記述：「俾學者或因綱要以博疏鈔，又因疏以入經，因經以見性，使狹劣之習漸近而漸遠，廣大之境愈入而愈深。此綱要之所以而作也。是清涼大師，為本經之勳臣。我憨山先師，又為疏鈔之導師也。」《華嚴綱要》對華嚴宗的復興起了一定作用。

華嚴宗與天台宗乃漢傳佛教之「雙壁」。此宗以《華嚴經》為所依，故稱曰華嚴宗。我國以唐之帝心杜順和尚為始祖，雲華智嚴（儼）法師為二祖，賢首法藏法師為三祖，清涼澄觀法師為四祖，圭峰宗密禪師為五祖；至宋朝加入馬鳴、龍樹而為七祖。因法藏受封「賢首國師」，故此宗或稱為「賢首宗」。

大唐道璿律師於日本天平八年攜《華嚴宗章疏》入日本；新羅之審祥往大唐，從賢首學華嚴，後至日本，住於大安寺，日本始有華嚴宗。

其在判教上尊《華嚴經》為最高經典，並從《華嚴經》的思想，發展出法界緣起、十玄門、四法界（理、事、理事無礙、事事無礙）、六相圓融的學說，發揮事事無礙的理論。此派從盛唐立宗，至武宗滅佛後，逐漸衰微。晉水淨源則被譽為華嚴宗在北宋的中興之祖。

萬曆四十八年（泰昌改元），憨山師七十五歲。這年春季，侍者廣益請憨師著述《圓覺經直解》、《起信論直解》及《莊子內七篇注》。《莊子》分內篇七、外篇十五、雜篇十一；憨師認為內篇是《莊子》思想的核心，於是作《莊子內七篇注》，從內聖外王以及佛性本具的角度重新詮釋了《莊子》一書，在士子間產生了極大影響。

這年夏天，憨山師足生疾病，行走不便。秋天，許多居士上山問道，憨師在病中對他們開示佛法，又作了《八十八祖道影傳贊》七十七首，每首都附上贊文流通於世。崇禎十七年，高承埏（撰寫《憨山大師傳》）補寫了十一人的傳贊，合編成四卷。此書所載僧傳以唐代以來的禪宗祖師為主，約占半數以上，另有天台宗十七祖、法相宗三祖、律宗九祖、華嚴宗五祖、密宗五祖。在〈慧遠傳〉後，還附有蓮宗十七祖贊（本贊收錄於《憨山老人夢遊集》）。

這時，憨山師自離開曹溪到廬山已有八年時間，那些住在曹溪的弟子們日夜思念憨師；他們經常派代表來廬山問訊，殷切希望憨師返歸曹溪祖庭。但憨師覺得因緣不具足，便沒有同意前往。後又有許多曹溪的居士們前來拜見，延請憨師回祖庭；憨師都以病體不適為由，婉言謝絕了他們的好意。

次年夏天，弟子們請憨山師講解《楞嚴筆記》。十月，弟子孝廉劉起相等再請憨師去曹溪，憨師又以病為由謝絕了。

## 重返曹溪

明天啟二年（一六二二年），憨山師七十七歲。這年憨師寫成《華嚴綱要》，又為大眾講解《楞嚴經》、《圓覺經》、《大乘起信論》、《肇論》。這時，曹溪吳郡守、韶陽太守等許多佛弟子，第三次又請憨師去曹溪。憨師盛情難卻，便決定成行。

這年冬天，憨山師出廬山，度彭湖，在臘月初八登上嶺南，十五日入曹溪。入曹溪時，整個祖庭的僧眾及四方居士等候多時，以極大的熱忱歡迎憨師回歸。同年，憨師在大眾的請求下開始寫自述年譜。

天啟三年（一六二三年），憨山師七十八歲。春天，韶陽太守等居士入山請憨師說法，五羊法性等弟子也來到曹溪。憨師雖已年邁，但菩薩悲心，法施無厭，於是在禪堂裡先對大眾說大戒，次說《起信論》、《唯識論》、《楞嚴經》。

八月，憨山師遣侍者去感謝護法郡守的誠心。侍者臨行前，憨師囑咐：「佛祖弘法，貴在時節因緣；緣與時違，化將焉托？一期事畢，吾將歸矣！」

這段話的意思是說：佛祖弘法也講究時節因緣，如果因緣時節不具足，如何能教化眾生？一旦教化眾生的因緣已了，我也就要歸去了。

大家聽了都有些惘然，以為憨師是說曹溪的事情忙完之後就會回到廬山。事實上，憨師之言已經暗示了即將離開世間的意思。

重陽節，憨山師替侍者深光書寫的山居詩跋中說：「老人雖慵于筆硯，恐一息不來，又作來生欠耳。若以詩字觀之，則孤思多矣。」在這裡，憨師也流露出即將辭世的意思。

十月初一，弟子通炯從廬山來拜見憨山師；憨師遍問了五乳峰的常住大眾以及山中諸剎的耆宿舊人等，心裡非常高興。這時，弟子淨泰請憨師作「自贊」一首，敘述生平大意。憨師即作，對自己一生事蹟略有總結，又頗有離世之意。

十月初三，少宰（吏部副首長）蕭玄圃入山訪憨山師。憨師與他交談了三晝夜，少宰向憨師求法要，大師便寫了二則法語、三首詩贈給他。

初六，少宰出山，憨師囑咐他：「你是社稷蒼生的仰望，前途珍重。」少宰與憨師相約再晤之期，憨師說：「山僧老了，四大將離，你我再晤的時候當在龍華會上了。」

所謂「四大」指的是構成人身體的地、水、火、風四大元素，命終之時四大元素分離。所謂「龍華會」，指的未來彌勒菩薩下生成佛時的說法盛會。這些都暗示了憨師將要辭世的意思。

## 現疾辭世

十月初八，憨山師示現微疾，弟子大眾都來問候，憨師對他們說：「老人勞倦了，不是生病。」

初九，弟子送藥給憨師，憨師說：「我就要去了，藥物對我有什麼用？」侍者廣益聽了，大驚失色地說：「和尚脫苦不諱，有何咐囑？」憨師聽了斥責道：「你服侍老人多年，如何作這等見解？」又對大眾說：「你們當念生死事大，無常迅速，切實念佛！」廣益又問：「和尚不示一言，我們何以遵行？」憨師說：「金口所宣，當成故紙，我言何用！」於是不留一字。

十月十二日，正是憨師的生辰。這天緇素弟子雲集曹溪，韶陽太守入山送憨師禪衣以祝壽，兩人相對坐談了一日。晚上，太守出去後，憨師即叫侍者倒水沐浴。第二天早上，憨師披上太守所送禪衣與太守訣別。

當太守再次來到憨師榻前時，憨師對他說：「山僧行矣，多謝大護法盛心。」太守說：「大師法身無恙，不佞（太守謙稱）是地方守士，即是主人，一切都由不佞來護法。」憨師聽了，微笑合掌稱謝。

到了中午，太守告辭下山。憨師叫侍者端淨水漱口，又對侍者說：「今日乃截斷葛藤。」又叫侍者端湯沐浴更衣。之後召集大眾圍繞念佛，佛聲一停，憨師對大眾說：「你們不要驚惶，應當依佛制度，不得披麻服孝，勿得悲哭。你們要一心念佛！」

天啟三年（一六二三年）十月十三日申時，人天眼目、三界導師端坐而逝了。這夜，憨師身上的毫光照亮了天空，山中的眾鳥發出悲鳴，緇素弟子的哀慟之聲震動山谷。

憨師圓寂後，面色依然如玉般潔潤，嘴唇紅澤，手足柔軟，宛如平時入定一般。

憨師弟子遣報太守，太守即差官臨悼，替憨師封龕。

這時，少宰蕭玄圃辭別憨師還只五日，尚在雄州（於今河北）。他聽到憨師逝世的消息非常悲傷；聽到憨師臨終顯現的瑞相，便又非常高興地說：「大師是聖位中人，若非生死關頭了徹，怎有這等自在？」立即撰寫挽章遣悼。又捐資百兩，寫了一封信，囑咐太守替憨師建造影堂（安置宗祖或高僧遺像之堂宇）。

在廬山五乳峰的弟子，聽到憨師逝世的消息，弟子福善等立即趕到曹溪。在次年正月二十一日，扶憨師靈龕歸五乳，二月二十八日抵廬山五乳峰法雲寺。弟子們將憨師的肉身護送到廬山後，因廬山氣候陰溼，福善特地建造了一座塔院，將憨師肉身龕安供在塔上。

十一年之後，廬山猛虎作亂，五乳峰法雲寺處在危險之中。福善怕塔地不安全，就恭敬地請出憨師的肉身龕。只見護龕有一半被蟲蟻侵蝕，便不敢入葬，就照舊封在塔中。

又過了九年，崇禎十六年（一六四三年），嶺南弟子陳宗伯、劉起相等受曹溪佛教眾人的委託，去廬山迎憨師歸曹溪。當憨師肉身護運到梅嶺時，正遇到新任廣東總鎮宋昭明，就命士卒用車載龕，親自護送至曹溪，於十一月初抵達。

過了些時日，在塔院中侍奉靈龕的弟子廣成、慈力，見龕內有罅裂縫，就在罅上鑿了一個小洞窺視，見憨師肉身端坐如生，於是想打開龕室，但心裡又猶豫不決。

某日，總鎮宋昭明又來到曹溪，禮拜靈龕，慈力、廣成便向宋昭明說明了情況。宋昭明說：「大師名喧宇宙，豈同餘人？金剛之體，保無缺漏。請開瞻禮！」

於是，在崇禎十七年四月二十八日，僧俗弟子在靈龕前拈鬮，得了一個「開」字；然後，宋昭明拔出佩刀，劈開了靈龕。

只見憨師雙趺端坐，如在生時一樣莊嚴，指爪頭髮已經變長，膚色依然鮮紅，禪衣和掛珠還嶄新。

這時，一陣風吹來，衣服忽然如雲碎星散，隨風飄舞，圍觀的地方群眾把它們掇拾回去，作為吉祥的象徵。

據傳，此時忽然出現一位僧人，他請求用印度保護肉體的方法來保護憨師肉身。徵得大眾同意後，他就用海南的栴檀香末塗在憨師身上；從外表看來，好似一層油漆一樣。這僧人塗完之後，便獨自離去，不知所蹤。

憨山師在世時，曹溪的一位善信婦女曾經發願繡制千佛衣一襲供奉憨師。她怕口氣不淨，就用黃絹裹口繡製。千佛衣製成後，憨師卻已入龕，這件千佛衣便一直藏在寶林庫笥裡。現在大眾取出此衣，披在憨師肉身上；雖然已經過了二十二年，但光彩照人，如新製的一樣。

封龕圓滿後，弟子們將憨師安置在舊塔院供養，並改號為憨山寺，距離南華寺寶林禪堂約半里地。

## 會通三教、積極入世的高僧典範

對於憨山大師的一生行誼，可整理為以下幾點：

第一，憨師是不厭清貧寂寞、刻苦修行的典範。在南京、在盤山、在五臺山，在嶗山，在各種最艱苦的環境下，他不懈地參禪悟道、刻苦修行，取得了非凡的成就。

第二，即使年逾古稀之時，憨師的身心狀態一直不錯；並且由於長期坐禪修道，具備了許多令凡夫俗子感到不可思議的能力。

第三，憨師積極從事佛學研究，並貫通儒道佛三教，創作了數量可觀的學術著作和文學作品。

第三，憨師在弘法護教方面也取得了可觀的成就。最令人矚目的，就是重興曹溪南華寺六祖道場，對禪宗貢獻甚巨。同時，也因為弘法護教，他經歷了人生最大的坎坷磨難。

第四，憨師積極入世，關心時事，慈悲度生；在山西、山東、廣東等地，都率領徒眾做了許多濟度百姓的慈善事業。

第五，憨師積極傳道，吸引收納了許多門人弟子，並且在官僚階層與知識分子階層吸收了許多俗家弟子，培養了非常廣泛的人緣，形成既深且廣、利於傳布佛教的管道與力量。

已故之當代國學大師南懷瑾先生，對憨山大師甚為推崇；除了其留下的諸多著作，以及豐富的禪定經驗與境界之記錄，憨師更偉大的是其不計毀譽、深入民間傳法的大乘精神：

憨山大師具大堅忍之力，即此世間而備曆人情險巇，運大悲大勇大智之量，周旋於帝王將相與販夫走卒之間，雖毀譽相乘並隆，而持心不動，如履冰稜，如踏劍刃，其險難苦行，未可因形跡之異，而輕掉不恭，視與獨居苦行之修為為異德也。

大乘以出世而入世，入世而出世為自利利他之業。……憨山大師因牽涉立儲而遭遇忌貶，而終不失於律儀，砥勵道業於造次顛沛之中，較之先賢，並無遜色。……此皆苦節存心，蓋棺而不求世諒之金剛道慧，迥非凡夫俗眼可測其造詣之高深也。

憨山大師曾作〈法脈四十字〉，從中可體會大師的崇高道風：

德大福深廣，慈仁量普同；修持超法界，契悟妙心融。
寂靜覺常樂，圓明體性通；慧光恆朗照，道化久昌隆。

無怪乎明朝末代皇帝崇禎作〈御贊憨山老和尚法像〉讚道：

耆老和尚，何等行狀？撐持法門，已作棟梁。
受天子之鉗錘，為佛祖之標榜。

近代禪宗高僧、「一身繫五宗法脈」的虛雲老和尚，當他至南華寺任住持時，晉院當天須到各個殿堂拈香禮拜說法。他在憨山大師肉身像前拈香禮拜的時候，所道出的法語為：

今德清，古德清，今古相逢換了形；
佛法興衰聽時節，入林入草不曾停。

憨山大師的法號是「德清」，虛雲老和尚的法號也是「德清」，所以才會說「今德清，古德清」。據傳，有人以「今古相逢換了形」一句，推敲虛雲老和尚或許為憨山大師轉世。平實地說，不妨將其理解為虛雲老和尚對於憨山大師的景仰與推崇；一為明末高僧，一為清末民初高僧，兩位都「為佛教，為眾生」，捨己忘身。

時至如今，憨山大師的不壞金身仍舊端坐在那裡，仍舊以大慈大悲的精神深深感染著世人，激勵著眾人在上求佛道、下化眾生的道路上勇猛精進——這，才是真正的「佛系」人生！

## 「不壞肉身」與「舍利子」

不壞肉身也被稱為肉身舍利，留下不壞肉身的高僧有六祖惠能、憨山德清等。《金光明經》云：「舍利者，是戒定慧之所熏修，甚難可得，最上福田。」只有戒定慧修行到甚深境界的高僧才有可能形成肉身舍利。也有高僧未留下肉身舍利，其遺體經過火化之後留下結晶體舍利子的；如近代印光法師，去世後便留下各色舍利子甚多。

印光法師曾說，舍利子乃戒定慧道力所成，所以古有高僧沐浴得舍利、刻經於雕版中得舍利，並非俗人妄測的精氣神所煉化。肉身舍利（舍利子）則是高僧離開塵世後留下的最後一著，以此殊勝法相證明佛法真實不虛，激勵學者至心學佛，修行佛教正法。

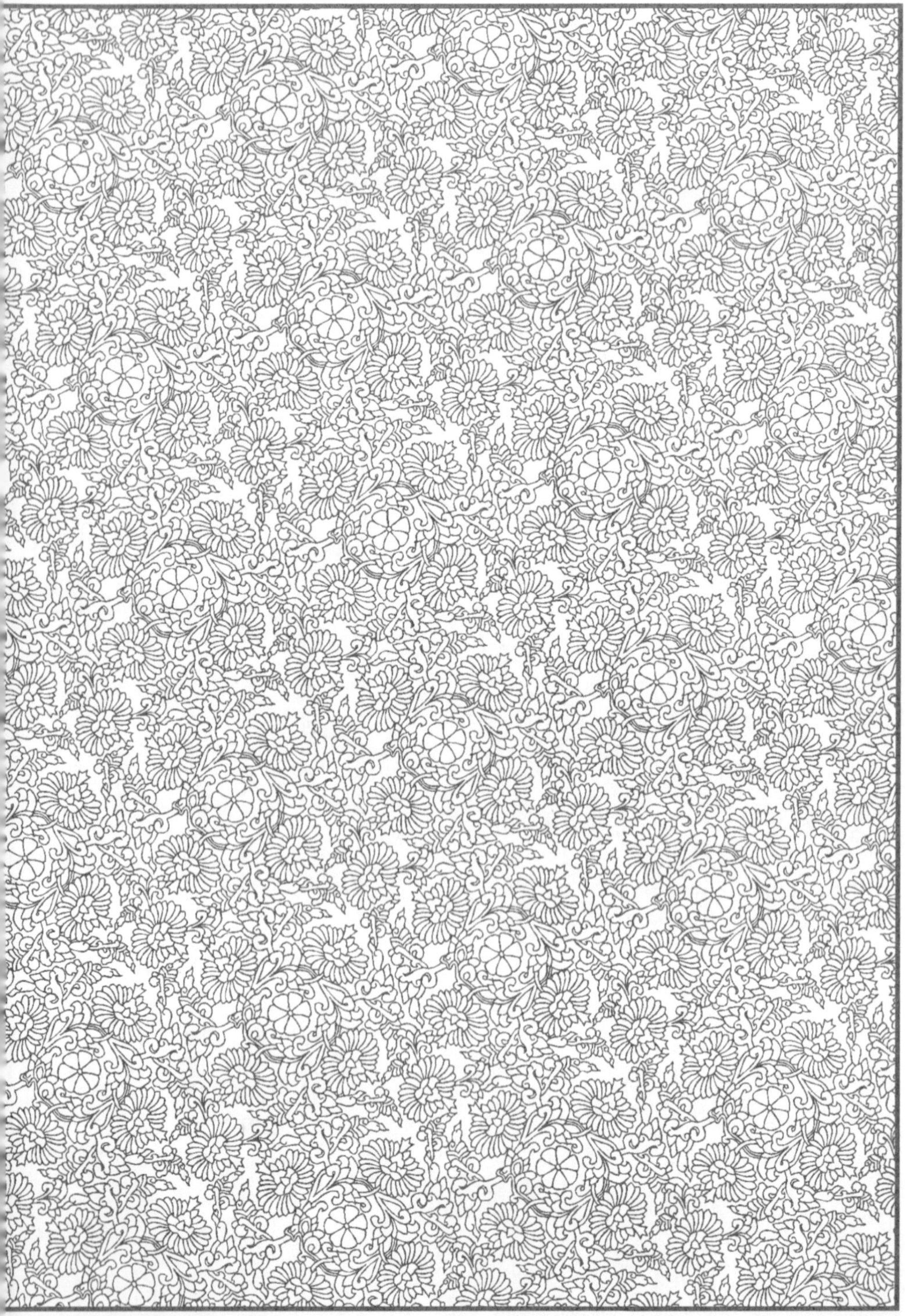

# 影響

# 壹・主要著述

廣大神通，自心全具；淨土天宮，逍遙任意。不用求真，心本是佛；熟處若生，生處自熟。二六時中，頭頭盡妙；觸處不迷，是名心要。

憨山大師可謂著作等身，可大致分為佛學著作、關於教外之儒道兩家的著作、以及其他詩歌偈頌等文學作品。

## 教內著作

憨山大師於教內通宗通教，提倡禪淨雙修。著有《觀楞伽經記》八卷、《楞伽補遺》一卷、《華嚴經綱要》八十卷、《法華擊節》一卷、《金剛經決疑》

一卷、《圓覺經直解》二卷、《般若心經直說》一卷、《大乘起信論疏略》四卷、《大乘起信論直解》二卷、《性相通說》二卷、《肇論略注》六卷等。

## 《觀楞伽經記》八卷

《楞伽經》有三種譯本，分別為：南朝求那跋陀羅譯，《楞伽阿跋多羅寶經》，四卷；北魏菩提流支譯，《入楞伽經》，十卷；唐代實叉難陀譯，《大乘入楞伽經》，七卷。

《楞伽經》是法相唯識宗的基本經典；傳佛心印、不立文字的禪宗，自菩提達摩大師東來傳法以來、至五祖弘忍，也以《楞伽經》印心。在《楞伽經》諸注疏中，憨山大師的《觀楞伽經記》融會三種譯本，注重貫通經文脈絡，既單提向上、直指一心，又深入淺出、條分縷析，可以說是《楞伽經》注疏中的最佳讀本之一。

如憨山大師在文中自敘：

古德云，《楞伽》說五法、三自性皆空，八識、二無我俱遣，故達摩大師指此為心印。馬大師云：「楞伽以佛語心為宗，無門為法門。」是以宗門師匠教人，直須離心意識參，出凡聖路學。而說者但只標名立法，不知空遣。奈何益使後之學者，臆度祖師心印亦如是而已。悲夫！

憨山大師認為，《楞伽經》所說直指佛教心法，達摩大師、馬祖道一對此經極為讚歎，因此宗門善知識教導後學要離心意識參，出凡聖路學；然而，後世學者不知道《楞伽經》的奧旨，只是妄自猜測祖師的言語而已。所以，憨山大師著《觀楞伽經記》以闡明參究要旨，指明佛法心印。

**《楞伽補遺》一卷**

此書為憨山大師對《楞伽經》奧旨的簡要詮釋，用問答的形式對經文的深奧難明之處，作了深入淺出、切中肯綮的說明。

如憨山大師在文中對藏識的詮釋：

第一義如來藏心，亦名寶明妙性，又云寶覺明心。是為堅固法身，不動智慧體，名自覺聖智。寂滅一心，名大寂滅海。亦云智海覺海、寶明空海，下經云藏識海。謂眾生本具如來藏清淨法身，迷之而為藏識，變成五蘊之眾生。自覺聖智變為妄相煩惱，寶明空海成生死之業海。

簡言之，如來藏為第一義諦，眾生皆有此清淨法身，因為妄念執著而迷之成為藏識，變成五蘊之有情眾生。不過，即使眾生沉迷不識，但這第一義諦仍舊在聖不增、在凡不滅；修行真諦，便是要認識、顯明這如來藏心。

## 《華嚴經綱要》八十卷

《大方廣佛華嚴經綱要》，簡稱《華嚴綱要》，是憨山大師根據清涼大師澄觀《華嚴經疏鈔》（又稱《清涼疏鈔》）的節要與《八十華嚴》結合而成。作於明萬曆四十七年（一六一九年），成於天啟二年（一六二二年）。

據憨山大師《年譜》記載，當時「華嚴一宗將失傳」，世人對《清涼疏鈔》「皆懼繁廣」，「但宗《合論》」。針對這一情況，憨山大師「但取疏文」，總結其「大旨」，編集此書，以俾「觀者易了」。書中有「補義」，是為彌補澄觀釋文的不足之處。

由於本書頗能豁顯華嚴宗之要義，對後學多所裨益，因此門人顓愚觀衡讚曰：

是清涼大師，為本經之勳臣；我憨山先師，又為疏鈔之導師也。

## 《法華擊節》一卷

《妙法蓮華經擊節》是憨山大師對《法華經》主旨的詮釋。本書雖然不長，但充分彰顯了《法華經》的核心思想。大師在書中對《法華經》多有發揮，並甚為推崇，其認為：

惟此甚深祕藏無上法門，唯許以信得入。正謂發心畢竟二無別，如是二心先心難。故此經以文殊為唱導之首，普賢為勸發之終。此如來說法始終一貫之極致也。

## 《金剛經決疑》一卷

為憨山大師對《金剛經》逐字逐句的解讀，體例為經文一句在前、隨後大師予以詳細注解，是學習和理解《金剛經》的極佳注疏。大師自述著作本書之緣由：「每思六祖大師一言之下，頓了此心。何世無悟入之人？由正眼不開，返為性障。因住曹溪，偶為大眾發揮一過，恍然有悟；而言外之疑，頓彰心目。信乎！此法離文字相，非思量分別所能解也。因拈示一斑，以當法施。」

大師往往將經文與修行方法結合。如其這樣解釋「一切有為法，如夢幻泡影，如露亦如電，應作如是觀」四句偈：

此入般若真空妙觀也。以真空冥寂，藉假而觀，若六喻觀成，則真空自現。一往俱顯理體，此則正示觀法。諸修行人當從此入，法身真境，極盡於斯。

## 《圓覺經直解》二卷

憨山大師所著《圓覺經直解》，通過對《圓覺經》逐字逐句的解讀，以系統闡述禪教一致的主張。在〈刻《圓覺經解》後跋〉中，憨師說：「昔圭峰禪師，著有略疏，則似簡；別有小鈔，若太繁。然文有所扞格，則義有所不達。義不達則理觀難明，理觀不明則恍忽技岐，而無決定之趣矣。予山居禪暇，時一展卷，深有慨焉。於是祖疏義而直通經文，貴了佛意，而不事文言，故作直解，以結法緣。」

《般若心經直說》一卷

憨山大師對《般若波羅蜜多心經》逐字逐句的解讀，並在其中開示了禪法要旨。如大師主張在讀經文時反觀自性：

當下迴光返照，一念熏修，則生死情關忽然隳裂。正如千年暗室，一燈能破，更不別求方便耳。

《大乘起信論疏略》四卷

馬鳴菩薩作《大乘起信論》，賢首法藏大師作《大乘起信論疏》，憨山大師則對法藏大師所作論疏做了進一步詮釋。憨山大師自述：「賢首本疏精詳細，但科假少隔，故刪繁從略。間會記義，不別出文，貴成一貫，故云疏略。」

《大乘起信論直解》二卷

憨山大師對《大乘起信論》逐字逐句的解讀。雖然憨山大師已作《大乘起信論疏略》，但是大師認為：「然其中文義少有不馴，故今仍遵本疏正義順為直解，以便初學。」

**《性相通說》**二卷

「性」、「相」為佛教學說兩大宗。釋迦牟尼佛在世之日隨機施教，觀察此人或昧於理性，則說性宗；或昧於事相，則說相宗。性、相二種之義散布在一大藏教中，後代弘法菩薩判釋佛教不出性、相二宗。

憨山大師作《性相通說》，卷上為〈百法明門論論義〉，卷下為〈八識規矩頌通說〉，皆甚解奧旨，闡發了其性相不二、禪教合一的主張。

**《肇論略注》**六卷

憨山大師對僧肇大師〈物不遷論〉、〈不真空論〉、〈般若無知論〉、〈涅槃無名論〉等四篇論文的注釋，進一步闡明了佛教般若空觀的甚深涵義。如大師釋名曰：「（前人）皆墮相言無，都墮斷滅。公愍大道未明，故造此四論，以破邪執，斯立言之本意也。論者，謂假立賓主，徵析論量，以顯正理，摧破邪執，人法雙影。故曰肇論。」

總體而言，憨山大師對教內經典的註釋，乃是以發揮如來佛法要旨為主，尤其指明了禪法「向上一著」的要訣。

在大師日常開示中，除闡明佛教心法要旨外，還提倡大眾念佛修行以置辦生死大事。大師認為，參禪是離念而參，所以甚難開悟；而念佛是轉念，即將所有妄念以念佛一念取代，所以較易成就。故而大師提倡禪淨雙修。

## 教外著作

憨山大師教外通曉儒道之說，主張三教同源，提倡三教融合。著有《道德經解》二卷、《觀老莊影響論》一卷、《莊子內篇注》四卷、《大學綱目決疑》一卷、《中庸直指》一卷、《春秋左氏心法》一卷等。

## 《道德經解》二卷

一名《老子解》。主要內容包括：道德經序、老子傳、發明宗旨、發明趣向、發明工夫、發明體用、發明歸趣、老子道德經解（上篇、下篇）。

憨山大師注《道德經》開始於萬曆二十年（一五九二年），完成於萬曆三十四年（一六〇六年）。前後用功十五年，字字從般若自性流出，「或經旬而得一語，或經年而得一章」，「每參究透澈，方落筆，苟有一字有疑而不通者，決不輕放」。此書實為學佛、學老者苦心而注，以期學佛者通達老子，「善自他宗」，學老者破除己見，「得離言之旨」。

如大師對《道德經》開篇「道可道非常道，名可名非常名」，這樣解釋：

此章總言道之體用，及入道工夫也。老氏之學，盡在於此。其五千餘言，所敷演者，唯演此一章而已。所言道，乃真常之道。可道之道，猶言也。意謂真常之道，本無相無名，不可言說。凡可言者，則非真常之道矣，故非常道。且道本無名，今既強名曰道，是則凡可名者，皆假名耳，故非常名。此二句，言道之體也。

這實際上是援佛入老的解釋，將老子所說的道與佛教所說的不變佛性對應起來，並由此對道德經全文加以佛教心性論上的重新解釋，此乃憨山會通佛、道之解法。

**《觀老莊影響論》一卷**

亦稱《觀老莊影響說》或《三教源流同異論》。包括：敘意、論教源、論心法、論去取、論學問、論教乘、論工夫、論行本、論宗趣等部分。

憨山大師比較了儒釋道三教的異同，並重點分析了老莊之說的內在密意，以凸顯三教本是一大乘，只是層次不同的主旨。在大師看來：

據實而論，執孔者涉因緣，執老者墮自然，要皆未離識性，不能究竟一心故也。佛則離心意識，故曰：本非因緣，非自然性，方徹一心之原耳。

大師認為，以孔子為代表的儒家思想涉及世間因緣之法，以老子為代表的道家思想涉及出世間自然之道，但還沒有達到佛教所說的離心意識的佛性層面。因此，要想徹悟世間因緣、自然之道，就必須學佛參禪，徹悟自心。

## 《莊子內篇注》四卷

憨山大師對道家經典《莊子》內七篇的注釋，闡明內聖外王及至人之道。如大師開篇云：「莊子著書，自謂言有宗、事有君，蓋言有所主非漫談也。其篇分內外者，以其所學乃內聖外王之道；謂得此大道於心，則內為聖人；迫不得已而應世，則外為帝為王。乃有體有用之學，非空言也。且內七篇，乃相因之次第。」又云：「道全德備，渾然大化，忘己、忘功、忘名，其所以稱至人、神人、聖人者。」

大師認為，在莊子內篇、外篇、雜篇中，內篇是核心，是內聖外王的根基；只有從佛性層面理解了《莊子》內七篇所說的內容，才能明白《莊子》全文的宗旨。

## 《大學綱目決疑》一卷

《大學》和《中庸》、《論語》、《孟子》並稱「四書」。宋元以後，《大學》成為官定教科書和科舉考試必讀書，影響極大。《大學綱目決疑》乃是憨山大師對儒家經典《大學》的深刻詮釋，尤其是從人之自性本體上詮釋大學密意。

《大學》開篇為「大學之道，在明明德，在親民，在止於至善」。大師解釋為：

問：如何是至善？答：今言至善，乃是悟明自性本來無善無惡之真體。只須善惡兩忘，物我絕跡，無依倚、無明昧、無去來，不動不搖，方為到家時節。到此，在己不見可明之德，在民不見有可新之民，渾然一體，乃是大人境界。無善可名，乃名至善，知此始謂之止。

依大師的解釋，明顯是從真如佛性的層面上對至善來進行理解。

## 《中庸直指》一卷

憨山大師對戰國時子思所著儒家經典《中庸》所作的逐句解釋。大師這樣解釋何為中庸：

中者，人人本性之全體也，此性天地以之建立，萬物以之化理。聖凡同稟，廣大精微，獨一無二。所謂惟精惟一，大中至正，無一物出此性外者，故云「中」也。

庸者平常也，乃性德之用也。謂此廣大之性，全體化作萬物之靈，即在人道日用平常之間，無一事一法不從性中流出者。故吾人日用行事之間，皆是性之全體大用顯明昭著處。

以全中在庸，即庸全中，非離庸外別有中也。子思得孔子之心傳，故述其所傳者如此，命其名曰中庸。

大師認為，所謂「中」，實際上就是佛教所說的本具佛性，是為「體」。所謂「庸」，實際上就是真如佛性的「用」。中是庸的體，庸是中的用，二者圓融無礙，故稱中庸。

## 《春秋左氏心法》一卷

憨山大師從佛性本具，以及因果報應的角度對儒家經典《春秋》的重新詮釋。大師從佛家輪迴果報的角度來觀照儒家之人倫日用亦因果森然：

心者，萬法之宗也；萬法者，心之相也。死生者，心之變；善惡者，心之跡；報應輪回者，心之影響。其始為因，其卒為果，如華實耳。不出君臣父子兄弟夫婦朋友，人倫日用之際，而因果森然，固不待三世而後見也。《楞嚴》殫研七趣，披剝群有。而總之所以澄心春秋，扶植三綱，申明九法。

大師乃從佛性層面對世間因果報應之說作了極為精闢的解釋，貫通儒釋道三教，並與《楞嚴經》等相互印證，以進一步闡明因果密意。

總體而言，憨山大師教外經典主要以對儒家、道教經典的重新詮釋為主；其主要思路，是以大乘佛法的緣起性空、真如妙有的思想重新解釋儒道經典。如大師在《觀老莊影響論》中說：「孔子，人乘之聖也，故奉天以治人；老子，天乘之聖也，故清淨無欲，離人而入天」。儒道二教屬於人天之境，唯有佛教才是究竟大乘。就佛性而言，儒釋道三教本出同源；對於世人來說，合則雙美，離則兩傷也。

## 詩歌偈頌等

憨山大師通宗通教，融合儒釋道三家之說，隨緣說法，在留下諸多著述的同時也留下了大量詩歌偈頌；這些詩歌偈頌，無一不體現了大師悟徹圓明的高深境界和悲天憫人的慈悲胸懷。其中，最著名的莫過於憨山大師所寫的〈醒世歌〉和〈費閒歌〉。

〈醒世歌〉：

紅塵白浪兩茫茫，忍辱柔和是妙方。到處隨緣延歲月，終身安分度時光。

休將自己心田昧，莫把他人過失揚。謹慎應酬無懊惱，耐煩做事好商量。

從來強弩弦先斷，每見鋼刀口易傷。惹禍只因閒口舌，招愆多為狠心腸。

是非不必爭人我，彼此何須論短長。世事由來多缺陷，幻軀焉得免無常。

吃些虧處原無礙，退讓三分也不妨。春日才看楊柳綠，秋風又見菊花黃。
榮華原是三更夢，富貴還同九月霜。老病死生誰替得，酸甜苦辣自承當。
人縱巧計誇伶俐，天自從容定主張。諂曲貪嗔墮地獄，公平正直即天堂。
麝因香重身先死，蠶為絲多命早亡。一劑養神平胃散，兩種和氣二陳湯。
生前枉費心千萬，死後空持手一雙。悲歡離合朝朝鬧，壽夭窮通日日忙。
休得爭強來鬥勝，百年渾同戲文場。頃刻一聲鑼鼓歇，不知何處是家鄉。

〈醒世歌〉是憨山大師關於世間法修行的凝練開示。在大師看來，人生如夢幻泡影，要想來世獲得好報，就必須培養品德，講究心性修養，只有這樣才能培植福田，以獲得解脫的正法因緣。

例如，「世事由來多缺陷，幻軀焉得免無常。」「老病死生誰替得，酸甜苦辣自承當。」這四句充分說明了人生無常、生老病死終將自己承擔的生命真相。在這種苦難人生中，大師要求人們忍辱柔和、終身安分、謹慎應酬、公平正直，去除種種邪曲心腸，「吃些虧處原無礙，退讓三分也不妨」。

可以說，這首詩歌深刻揭示了人生無常、生命短暫、苦海無邊的現實，揭示了因果報應絲毫不爽的規律，勸導每個人都要做到忍辱謙讓，講究道德修養，時刻牢記生死事大，要抓緊時間探求超脫苦海的正道。

〈醒世歌〉所揭示的內容與儒家、道家較為相近，是為世間法修行者提供的一劑處世良方，其指向卻是出世間的：「頃刻一聲鑼鼓歇，不知何處是家鄉？」此生今世不能度，更待何生度此身？

至於〈費閒歌〉，則是憨山大師關於出世間法修行的精闢開示：

講道容易體道難，雜念不除總是閒；世事塵勞常掛礙，深山靜坐也徒然。
出家容易守戒難，信願全無總是閒；淨戒不持空費力，縱然落髮也徒然。
修行容易遇師難，不遇明師總是閒；自作聰明空費力，盲修瞎煉也徒然。
染塵容易出塵難，不斷塵勞總是閒；情性攀緣空費力，不成道果也徒然。
聽聞容易實心難，侮慢師尊總是閒；自大貢高空費力，聰明蓋世也徒然。
學道容易悟道難，不下功夫總是閒；能信不行空費力，空空論說也徒然。

閉關容易守關難，不肯修行總是閒；身在關中心在外，千年不出也徒然。

念佛容易信心難，心口不一總是閒；口念彌陀心散亂，喉嚨喊破也徒然。

拜佛容易敬心難，意不虔誠總是閒；五體虛懸空費力，骷髏嗑破也徒然。

誦經容易解經難，口誦不解總是閒；能解不依空費力，日誦萬卷也徒然。

大師通過四十句詩歌，深刻揭示了修行過程中可能遇到的二十個難題，其中不乏極為精闢的警示名言。

例如「世事塵勞常掛礙，深山靜坐也徒然」二句，揭示了修行的根本是放下塵勞掛念；如果塵世因緣放不下，那麼遠離塵世去深山靜坐也是沒有效果的。又如「淨戒不持空費力，縱然落髮也徒然」，這兩句強調了佛教戒律對於出家弟子的至關重要性。《四十二章經》中，佛祖辭世時就叮囑弟子要「以戒為師」，憨山師所說確實暗合佛言。又如「自大貢高空費力，聰明蓋世也徒然」兩句強調了老實修行、依教奉行的重要性；如果沒有一顆謙讓忍辱的心，就算再聰明也是不能取得成就的。還有「口念彌陀心散亂，喉嚨喊破也徒然」，這兩句指出了念佛法門需要解決的問題；如果沒有堅定的信願，「念佛容易信心難」，嘴巴上念佛，內心裡卻是妄念橫生，念佛的效果是無法保證的。

綜而言之，這首詩歌深刻揭示了修行途中可能遇到的各種問題；並要求修行者真修實幹，要嚴持戒律，放下萬緣，一心虔誠，勇猛精進，更要求修行者做到理事圓融；否則，執理廢事，只是徒然。

憨山大師的偈頌也流傳甚廣，例如大師在五臺山曾作〈悟道偈〉：

瞥然一念狂心歇，內外根塵具洞徹；

翻身觸極太虛空，萬象森羅從起滅。

這首偈子將大師明心見性的體悟徹底彰顯出來，後被諸大德廣為引述。

憨山大師又作〈六詠偈〉，其中一首是〈詠心〉：

金翅鳥命終，骨肉盡消散；唯有心不化，圓明光燦爛。

龍王取為珠，能破千年暗；轉輪得如意，能救一切難。

如合在人中，日用而不見。

這首偈子的意思是說：神力無邊的大鵬金翅鳥也有命終之時；那個時候，它的骨頭和血肉都會消散，但它的一顆心是不壞的，有如圓亮寶珠，光明燦爛。龍王如果得到了這顆心，放在龍宮裡會大放光明，可以破除千年的黑暗。轉輪聖王如果得到這顆心，就會變成他的如意寶珠，能救度一切災難，神通妙用不可思議。重點在於，每個人都有這樣一顆如意寶珠，只可惜被無明遮蓋住了，使得這顆寶珠不能放出光明，想找也找不到，想用也用不著。世間凡俗之人都是如此，身懷摩尼寶珠（真如佛性）而不自知，辛辛苦苦地流浪於六道輪迴之中，真是可惜復可嘆！

憨山大師還有一首非常著名的〈放生偈〉：

人既愛其壽，生物愛其命。放生合天心，放生順佛令。
放生免三災，放生離九橫。放生壽命長，放生官祿盛。
放生子孫昌，放生家門慶。放生無憂惱，放生少疾病。
放生解冤結，放生罪垢淨。放生觀音慈，放生普賢行。

放生與殺生，果報明如鏡。放生又念佛，萬修萬人證。

這首〈放生偈〉對世出世間法都作了直白說明：對於一般人惜福修福來說，放生可以獲得災難免除、官祿吉祥、子孫昌盛、消除疾病等世俗好處。而且，放生的行為就是實踐觀世音菩薩的慈悲、普賢菩薩的大願；放生加上念佛，就能夠獲得離苦得樂的出世間好處。由於憨山大師的提倡，廣東一帶的人們才開始吃素放生。

此外，還有一首著名的〈觀心銘〉，憨山大師藉詩偈道出修行之「心要」：

觀身非身，鏡像水月；觀心無相，光明皎潔。
一念不生，虛靈寂照；圓同太虛，具含眾妙。
不出不入，無狀無貌；百千方便，總歸一竅。
不依形氣，形氣窒礙；莫認妄想，妄想生怪。
諦觀此心，空洞無物；瞥爾情生，便覺恍惚。
急處迴光，著力一照；雲散晴空，白日朗耀。

內心不起，外境不生；但凡有相，不是本真。
念起即覺，覺即照破；境來便掃，掃即放過。
善惡之境，隨心轉變；凡聖之形，應念而現。
持咒觀心，如磨鏡藥；塵垢若除，此亦不著。
廣大神通，自心全具；淨土天宮，逍遙任意。
不用求真，心本是佛；熟處若生，生處自熟。
二六時中，頭頭盡妙；觸處不迷，是名心要。

凡夫的心，常為了利益色身，而執著於種種外在可見或不可見的物質相（也就是形與氣），因而生起貪、瞋、疑、慢等「妄想」，進而引發種種導致煩惱與痛苦的行為，障礙了自心「本真」的清淨。

因此，大師教導我們要「觀身非身，鏡像水月」；若能體證到身體如水月般虛幻，心就會安定下來，煩惱也會消除。

其次，在修行過程中可發現：這些妄想執著會不斷變化，沒有固定不變的樣貌，亦即「善惡之境，隨心轉變；凡聖之形，應念而現」；如此一來，若仔細觀察，便會發現心實不曾停留在任何念頭上，「諦觀此心，空洞無物」。

因此，修行者應該「境來便掃，掃即放過」，只要能時時運用持咒、觀心、覺知等禪修的方法，「念起即覺、覺即照破」，便能逐漸熟練，而至「二六時中，頭頭盡妙，觸處不迷」的境界，即可悟入任運自在、無礙無著的「虛靈寂照、具含眾妙」的「心本是佛」。

憨山大師的諸多詩歌流傳甚廣，而且大師往來南北，多為人撰寫碑記塔銘，所作序跋題贊亦不少，這些都對教內、教外產生了廣泛影響，許多文人墨客、官宦士子都是因為欽慕憨山大師的詩詞風采而接觸佛法，進而皈依佛門。

# 貳・重要思想

捨人道無以立佛法，非佛法無以盡一心；是則佛法以人道為鎡基，人道以佛法為究竟。故曰：菩提所緣，緣苦眾生；若無眾生，則無菩提。

## 教內影響

憨山大師在教內具有崇高聲望，其關於佛法與世間法的開示和著述在佛教內外產生了極大影響。就名聲而言，憨山德清與雲棲袾宏、紫柏真可、蕅益智旭並稱「明末四大高僧」，足見大師的影響得到了當時及後世的廣泛認可。

憨山大師雖為一代大禪師，但沒有門戶之見，以一心融會諸宗，與永明延壽、蓮池袾宏等高僧一樣，主張禪教一致、性相一源、禪淨會通，對佛教內外皆產生廣泛影響。

大師對教內諸宗都有隨緣開示，尤其對華嚴宗著力甚多；因憨山大師欽慕華嚴宗高僧清涼澄觀大師，故於行持之外，下大功夫作《華嚴經綱要》八十卷，此對華嚴教義的傳播影響甚大。

此外，憨山大師所作《觀楞伽經記》、《楞伽補遺》、《法華擊節》、《金剛經決疑》、《圓覺經直解》、《般若心經直說》、《大乘起信論疏略》、《大乘起信論直解》、《性相通說》、《肇論略注》等，以及在大師數十年間講經說法中，多涉及法相唯識宗、天台宗、律宗、密宗、禪宗、淨土宗等諸宗教義。當然，憨山大師在教內影響最大的是禪宗，其次是淨土宗。

## 一、對禪宗發展的影響

憨山大師的教內影響，特別表現在禪宗祖庭的中興一事上。

自禪宗六祖惠能大師以降，禪宗逐漸成為漢傳佛教中最具特色、流傳最廣的宗派。惠能著名的弟子有南嶽懷讓、青原行思、荷澤神會、南陽慧忠、永嘉玄覺。南嶽下數傳形成溈仰、臨濟兩宗，青原下數傳分為曹洞、雲門、法眼三宗，世稱「五家」；臨濟宗在宋代衍生出黃龍、楊岐兩派，與「五家」合稱「五家七宗」。

就禪宗傳承而言，一般來說，西天禪宗傳承從摩訶迦葉尊者到菩提達摩尊者共二十八祖。中土禪宗傳承為初祖菩提達摩大師、二祖慧可大師、三祖僧璨大師、四祖道信大師、五祖弘忍大師、六祖惠能大師。禪宗在中土的發展在唐宋時期達到頂峰，後來因為與儒家（如宋明理學）、道教的相互爭論，以及禪宗自身在發展過程中產生的一些弊端，加上統治者往往對過於興盛的宗教流派加以打壓等因素，從而使得禪宗在宋朝之後逐漸走向衰微。

自明朝宣宗至穆宗一百多年間，漢傳佛教各宗都現衰微之勢。然而，到了明末，以四大高僧為代表，佛教迎來一復興時期。其中，憨山大師對於禪宗復興起到了重要作用；因為憨山大師重振六祖曹溪祖庭，復興禪宗，所以被後世稱為「曹溪中興祖師」。

憨山大師入駐曹溪祖庭時，寺產流失、僧無威儀、流民聚集賭博滋事，種種亂象不堪入目。大師請當地制臺下令整治，乃革除山門百餘年的汙穢景象。之後，憨山大師對南華寺寺院格局進行重新布置，堆土造堂、重修祖殿，從而使得寺院格局煥然一新。

憨山大師又加強寺院僧人戒律功課的管理，同時嚴格禁止殺生，使戒律成為定制，戒養孳牲宰殺，變魚塘為蓮池，山門由此改觀。為了培養僧眾人才，憨山大師在寺內設立學堂教育行童（寺院的小沙彌），要求甚嚴，由此培養了大批弘法人才。

憨山大師還採取各種方式，妥善解決了歷史遺留下來的田地、山場、房屋歸屬問題；同時，憨山大師任用公正廉潔的僧人作為執事以加強寺廟管理。大師所施行的一系列舉措保護了寺院資產，加強了寺廟管理，使得寺院能夠在充足的資產下順利有序地發展起來。可以說，正是在憨山大師殫精竭慮的努力下，曹溪祖庭才煥發新生。

對於禪宗修行一法，憨山大師之開示尤其豐富。如《夢遊集》記載，對於什麼是佛性，大師開示云：

佛祖出世，說般若之法，教人修行必以般若為本。般若梵語，華言智慧，以此智慧乃吾人本有之佛性。又云自心，又云自性。此體本來無染，故曰清淨；本來不昧，故曰光明；本來廣大包容，故曰虛空；本來無妄，故曰一真；本來不動不變，故曰真如，又曰如如；本來圓滿無所不照，故曰圓覺；本來寂滅，故曰涅槃。此在諸佛圓證，故稱為大覺，又曰菩提。

大師認為，禪宗修行要旨皆在修此一心，絕非心外求法。所以大師說：「是故佛說三界唯心。除此一心，無片事可得；唯此一事，更無餘事。故說一乘，非此心外，別有一法可說也。」如果說心外有法，那就只能是外道邪見，不是佛教正法。如果能夠了知此心，就能夠明白上至佛菩薩聖賢，下至一切有情眾生，都只是這一心的影響罷了。

對於修行的途徑來說，如來所說的三乘十二分教、八萬四千法門，都是隨機施設，藉以啟發自性的方便而已，並非實法。針對不同根器、不同機緣的眾生而言，如來所說一切法門都只是種種方便，其目的就是為了讓眾生認識此妙明真心；甚至包括禪宗的迦葉微笑、達摩西來、單傳心印，亦是方便。

禪宗自六祖惠能以來發揚光大。長期以來在人們的眼中，似乎禪宗只講「頓悟」，不講「漸悟」，只因惠能禪法以「頓悟」聞名。對此，據《夢遊集》記載，憨山大師對於「頓悟」與「漸悟」的區別做了精闢分析：

予嘗觀楞伽，分頓漸四門：一頓頓，二頓漸，三漸頓，四漸漸。知此不可執一而論，雖頓悟而不廢漸修。佛祖之心，本無二也。

這是對禪宗頓悟、漸悟二門的精闢開示。雖然參究禪門向上一著，以求頓悟心性，但在具體修行中並不廢棄漸修，以消除業障、培植福田。大師又說：

如來禪、祖師禪，本來無二。但如來禪，就迷中說悟，要修而後入。祖師禪，

> 直指不屬迷悟一著，不假修為，要人直下頓了自心；凡落迷悟關頭，便是第二義也。所以古德云，修行即不無，其如染汙何？是故宗門向上一路，須是個裡人始得。楞伽四種禪中，最上一乘禪即祖師禪。其實本無異也。若根器不淨，妄逞聰明知見，把作會祖師禪，如此連如來禪亦未夢見在。譬如貧人，妄稱帝王，自取誅戮。可不懼哉、可不懼哉！

這是大師對「如來禪」與「祖師禪」二者異同的精妙開示。如來禪就迷中說悟，要修而後入；而祖師禪直指向上一著，以明心見性。但在具體修行中不可妄逞聰明，否則便易落邪知邪見中了。對於悟道境界而言，大師開示：

> 凡修行人，有先悟後修者，有先修後悟者；然，悟有解證之不同。若依佛祖言教明心者，解悟也；多落知見，於一切境緣，多不得力；以心境角立，不得混融，觸途成滯，多作障礙；此名相似般若，非真參也。若證悟者，從自己心中樸實做將去，逼拶到水窮山盡處，忽然一念頓歇，徹了自心；如十字街頭見親爺一般，更無可疑；如人飲水，冷暖自知，亦不能吐露向人，此乃

真參實悟。然後即以悟處融會心境，淨除現業流，識妄想情慮，皆鎔成一味真心，此證悟也。

這便是大師所說的「能解不依空費力，日誦萬卷也徒然」：如果只是依照經典在意識心中思維到佛法心地法門的真意，卻沒有在實際修行中證悟到這種境界，那麼就只是解悟，生死到頭還是做不得主；只有經過精進修行、親見佛性的證悟，才是禪門修行正途。

憨山大師在《夢遊集．卷七．示顏仲先持準提咒》中談到了如何防止參禪的流弊。大師認為，在家弟子難以做到清心寡欲，財、色、名、食、睡等欲望深重，難以擺脫，由此導致貪、嗔、癡、慢、疑等種種煩惱。在家弟子的妄念煩惱如開水一樣沸騰不已，怎麼做得到一念清涼呢？縱然發心修行，也很難靜心下手做工夫。即使有些在家人自以為聰明，能夠看些佛教經典，也不過是學些知識學問而已，根本沒有實際修行。就念佛、參禪、持咒等法門來說，大師認為，在家人若不肯下死心老實念佛，又空腹高心落入口頭禪，還不如持咒入門。大師說：

念佛又把做尋常看，不肯下死心；縱肯，亦不得力，以但在浮想上念，其實藏識中習氣潛流，全不看見，故念佛從來不見一念下落。若念佛得力，豈可別求玄妙耶？今有一等好高慕異的，聞參禪頓悟，就以上根自負，不要修行，恐落漸次。在古德機緣上，記幾則合頭語，稱口亂談，只圖快便為機鋒，此等最可憐愍者。看來，若是真實發心怕生死的，不若持咒入門，以先用一片懇切心，故易得力耳！

大師認為，如果真的能按此老實修行，比禪宗參話頭更實在，「尤勝參柏樹子、乾屎橛也」。由此可見，大師接引眾生實不拘法門，乃依修習者之根器而定。

## 二、對淨土宗發展的影響

憨山大師初參禪時不得其門，便修念佛法門，常於夢中、定中得見西方三聖。後來大師參禪大徹大悟之後仍舊沒有放下念佛法門，在對四眾弟子開示中經常以禪宗、淨土宗教理為大眾釋疑。

大師一生中有四個重要的駐錫之地：一是五臺山，這是大師參禪悟道，大徹大悟的地方；二是牢山，這是大師隱居、傳道之地；三是曹溪祖庭，這是大師中興禪宗的地方；四是廬山，這是大師晚年定居之處。曹溪祖庭是禪宗六祖惠能弘法之處，廬山東林寺是淨土宗初祖慧遠大師的弘法之處，這似乎暗示了憨山大師對禪宗、淨土宗的偏好；而大師本人在中年之後一直提倡禪淨雙修，臨終之時更是叮囑大眾要「切實念佛」。這種禪淨雙修的思想，對明末之後的佛教修行產生了深遠影響。

對於禪淨關係，憨山大師反對禪淨相斥的錯誤觀點，而主張會通禪淨，並身體力行提倡淨土念佛法門。大師謫居廣州時，曾集眾結社，立有規制，授以念佛三昧，教以專心淨業。大師在《淨宗法要》中開示：

今所念之佛，即自性彌陀；所求淨土，即唯心極樂。諸人苟能念念不忘，心心彌陀出現，步步極樂家鄉，又何必遠企于十萬億國之外，別有淨土可歸耶？這是從禪宗角度對淨土法門的解釋。大師又說：「參禪念佛看話頭種種方便，皆治心之藥耳。……念佛參禪兼修之行，極為穩當法門。」這是明確地提倡禪淨雙修了。大師在此圓融地會通了西方淨土與自性淨土、參禪悟道與求生淨土的思想。

從教理上來看，大師這種主張與永明延壽思想可說是一脈相承的；永明延壽所作《宗鏡錄》，對憨山大師影響甚大。永明大師既是禪宗祖師，又是淨土宗祖師，亦提倡禪淨雙修。憨山大師晚年居匡廬法雲寺，虔修六時淨業，其精進念佛的風貌頗有延壽之遺風、慧遠之遺韻。復興曹溪祖庭的一代禪門尊宿，如此精誠地踐行並宣導淨土法門，對後世的感召力可想而知。

《靈峰宗論》載，藕益大師更是對憨山大師的禪淨兼修及其影響給予了極高評價，並將其視作蓮宗祖師：

憨山德清大師，擴復曹溪祖庭，晚年掩關念佛，晝夜課六萬聲。故坐逝後二十餘年，開龕視之，全身不散，遂與六祖同留肉身，人天瞻仰。得非蓮宗列祖乎？

憨山大師在弘揚佛法的同時，曾經深刻分析過參禪與念佛的區別。對於修行來說，大師曾如此開示：近來看到，學佛的人只知道貪求玄妙，不知道向根本處下死功夫，所以到了榮辱、禍患、生死關頭的時候，就手忙腳亂了；這不是佛教本身或老師教導的錯誤，而是他自己的過失。無論念佛參禪，都要一絲不留地斷除生死根。什麼是生死根呢？那就是我們的種種妄想，以及人我、憎愛、貪嗔癡等煩惱業。

在大師看來，佛法修行的根本就是要斷除這些煩惱業；如果把握不住這個生死根，只知道談玄說妙，就完全背離了佛法正道。

對於禪淨之別，《夢遊集》記載，大師開示：

至若念佛一門，世人不知其妙，視為淺近，其實步步踏著實地。何也？以吾人有生以來，念念妄想攀緣，造生死業，何曾一念回光，返照自心？何曾一念肯斷煩惱？今果能以妄想之心，轉為念佛，則念念斷煩惱；若念念能斷煩惱，則是念念出生死。若此一念不亂，到臨命終時，惡業消滅，佛境現前，一念隨佛往生淨土，永超生死，登不退地。所謂但得見彌陀，何愁不開悟？又何必論頓論漸，又管甚三品九品哉？譬如世登黃榜，即末後一名亦可，又何必要鼎甲哉？

大師強調了淨土法門的殊勝之處外，對於參禪流弊也予以開示：如果能夠做到大徹大悟，那麼五濁惡世、十方世界，確實都是淨土，這種語言看起來很玄妙、很高深，只怕做不到大徹大悟，豈不是耽誤了自己一生？如果能夠老實念佛，堅持念佛至一心不亂，比參禪更有把握！

如大師云：「總之，惟在一念真切耳。但參禪定要死盡世心，不容一念妄想。其念佛是以淨想轉染想，以想除想，乃博換之法。就吾人根器易為耳。」也就是說，對於禪宗和淨土宗修行方式來說，大師認為，參禪一定要死盡世俗心，不容許有一念妄想；而念佛是以淨想轉染想，以想除想，乃是轉換的方法；根據我們的根器，念佛是比較容易做到的。參禪要離想，念佛在轉想。由於眾生已經沉浸在妄想中許久，要離開它實在極為困難。現在不必離想，就將染想變為淨想，這是以毒攻毒、將計就計、偷梁換柱的妙法哩！所以，參究難悟、念佛易成；若果為生死心切，以參究心念佛，又何愁一生不了生死呢？

在大師看來，禪宗之所以屬於難行道聖道門，是因為禪宗講究斷除一切妄念，才能「離念而參」。但是，凡夫之人，本就攀緣妄念，幾乎不可能離開妄念去參禪，所以禪宗開悟極其困難。而淨土宗之所以是易行道，是因為淨土宗是以念佛一念代替所有妄念，即以一個清淨念頭代替、轉化所有汙染念頭，這是極妙的法門。再加上念佛法門講究信願，得以與阿彌陀佛大威神力感應道交，從而可以帶業往生西方淨土，頓超輪迴。所以，凡夫之人修行淨土較易。

那麼，如何念佛呢？憨山大師開示：

修慧在乎觀心，修福在乎萬行；觀心以念佛為最，萬行以供養為先，是二者乃為總持。

凡夫日常的一切行為舉止，乃至起心動念，都是妄想，只能感召不清淨的緣分，招致苦果；如果能夠將妄想之心轉為念佛之心，每一個念頭便都成了往生西方阿彌陀佛極樂淨土的善因，將來一定感召善果。如果念佛的念頭一直持續不間斷，就能夠壓伏妄想，如禪宗參究一樣，心光發露，般若智慧現前，那就有大成就了。

在念佛之外，凡夫應當隨緣供養佛、法、僧三寶。凡夫之所以貧窮沒有智慧、沒有福報的根本原因，在於生生世世都沒有以一念供養三寶；凡夫念念所想的，都是五欲六塵，所以長劫輪迴。「今以貪求一已之心，轉而供養三寶；以有限之身命，隨心量力供養十方，乃至一香一華，粒米莖菜，其福無窮。故感佛果華藏莊嚴，為己將來自受用地，捨此則無成佛妙行矣。」

大師認為，念佛的首要根本，在於斷除對五欲六塵的貪念。念佛求生淨土，根本是要了卻生死大事；如果不把這個生死大事放在心上，念佛就落不到實處。古人說：「業不重不生娑婆，愛不斷不生淨土。」由此可知，如果不是業障深重，怎麼會生在這五濁惡世？如果對塵世的愛欲不斷，又怎麼可能往生淨土？「是知愛乃生死根株；自有生死以來，生生世世，捨身受身，皆是愛欲流轉。而今念佛，念念要斷這愛根。」

因此，對於淨業行人來說，首先就要放下萬緣，一心念佛。不管是兒女子孫，還是家產財物，於生死關頭都要通通放下，臨命終時才能憑藉念佛心往生淨土；否則，就只能「口念彌陀心散亂，喊破喉嚨也枉然」了。所以，大師強調：

故勸念佛人，第一要知為生死心切；要斷生死心切，要在生死根上念念斬斷，則念念是了生死時也。所謂目前都是生死事，目前了得生死空，如此念念真切，刀刀見血；若不出生死，則諸佛墮妄語矣！

可以說，大師對禪淨兩門的分析極為深刻精闢，對後世修行者產生了廣泛影響。明末之後，禪淨雙修之風日盛，實與憨山大師的力倡有關。

## 三、「教禪一致」、「性相一源」的主張

佛教傳至漢地，因為修持方式以及思想體系的差異，自魏晉時期即產生歧異與爭論；而歷代的佛學大師，亦不乏調和其間之對立者，憨山大師便是其中之一。至明代，大師於教內協調的，包括「教、禪」的對立，以及還有「性、相」的爭議。

### 教、禪一致

明朝晚期，在佛教內部，「禪」與「教」的分裂和對立有愈演愈烈的趨勢。不少修禪者以「教外別傳」自居，視其他宗派的經論如故紙；其他宗派的修行者因此對禪宗也頗為微詞，甚至誤解禪宗教義。

此處所謂的「教」與「禪」，「教」是指禪宗之外的佛教各宗派，在當時主要是指天台、華嚴、唯識、淨土等教派，但也泛指佛教各種經論；「禪」則

是達摩所傳以直接體悟佛性為宗旨，以參悟諸師所說句偈（話頭、公案）為傳道特徵的禪宗。《夢遊集》記載，憨山大師曾痛心地說：「宗禪者多毀教，習教者多昧禪，是以禪、教話為兩橛。」又說：

今人不知教、禪一心之旨，乃吾佛化度眾生之方便；各人妄執一端，以為必當。故執教者非禪，執禪者非教。然執教非禪者，固已自誤；而執禪非教者，又誤之更甚也。

由於修行者不懂得教、禪實際上都修的是真如一心的緣故，所以將如來度化眾生的方便法門執為實有，固執己見、故步自封，從而導致教、禪相互輕視、詆毀，而形成影響佛教發展的大問題。針對於教內教禪衝突的現狀，憨山大師則極力宣傳教、禪一致的主張。

在憨山大師之前，唐代圭峰宗密大師首倡禪、教相通之說。圭峰宗密在《禪源諸詮集都序》中說：「教也者，諸佛菩薩所留經論也；禪也者，諸善知識所述句偈也。」圭峰宗密還以華嚴理事圓融無礙的教義為基礎，融會禪教，試圖消弭彼此的歧異，提出禪、教一致的觀點。不過，憨山大師認為圭峰宗密的闡述還屬於「隔籬見月」，尚不夠徹底、不甚圓滿。

憨山大師認為，真正比較透徹地解決禪教一致問題的大師是唐末五代的永明延壽大師。因為，經教說的一切道理都歸於「一心」；禪宗教人體悟，所悟佛性也就是自心，仍然要歸於「一心」；而永明延壽正是以「一心」來統合禪教的。所以，憨山大師在〈雪浪法師恩公中興法道傳〉中說：

> 自達摩西來，立單傳之旨，直指一心，不尚文字；由是教為佛眼，禪為佛心，禪教齊驅，並行不悖。及六祖而下，禪道大興，則不無尚執之呵，而教禪始裂。圭峰力挽未能，永明會性相歸一心，目為《宗鏡》，而佛祖全體大用，彰明大著矣。

又在開示弟子時說：「《宗鏡》云：以一心為宗，照萬法為鏡。特由吾人不能知一心，故佛說教以指之；吾人不能見自心，故祖假禪以示之。二者皆不得已也。」這裡所說的《宗鏡》，就是永明延壽大師的巨著《宗鏡錄》。

# 關於《宗鏡錄》

《宗鏡錄》又名《心鏡錄》，全書凡一百卷，八十餘萬字。本書詳述禪宗祖師的言論和重要經論的宗旨，並刪去繁雜文字，呈現全體佛法之精要。目標是「舉一心為宗，照萬法如鏡。」《宗鏡錄》的書名即由此而來。

唐末以後，禪宗產生許多流弊，永明延壽禪師編纂《宗鏡錄》的用意之一，便是為了扶正當時禪宗的弊病。他提出學佛的重要問題，邀請禪門各宗長老一起討論，並且將解答歸納整理，「以天台、賢首（華嚴）、慈恩（唯識）三宗，互有同異，乃館其徒之知法者，博閱義海更相質難，師以心宗（禪宗）之衡準平之。」所以，《宗鏡錄》乃是眾多禪師的意見彙集而成，頗為著重唯識方面之分析。

《宗鏡錄》的文體大致採用駢體文，保留唐代以後的文學風格。有清雍正皇帝節錄的二十卷本傳世。

教與禪都歸於「一心」，這是憨山大師主張教禪一致的落腳點，這也符合佛教心法的要旨。大師在〈刻法寶壇經序〉中不憚其煩地闡述了經教與禪悟皆出於人人自性、直指自心的道理：「世尊終日直指，達摩九年說法，又何有教內教外、單傳雙傳耶？若人頓見自心者，則說與不說，皆戲論矣。」

又說：六祖大師所作的《壇經》，每個人都知道是六祖在曹溪祖庭時所述，卻不知道曹溪禪法乃是出於每個人的自性，其目的是為了啟發人們認識自性。每個人都知道佛教經典是用文字寫成的，卻不知道所有文字指向的都是佛性自心；心外無法，法外無心。只是，現在那些執著於教、禪的人，不是認為佛教的文字經典毫無用處，整天談玄說妙，不著實際；就是認為禪宗所說虛無縹緲，毫無經典依據。這真是誤解了佛法本意。

《夢遊集》記載，大師在〈徑山禪堂示參禪切要〉中說：「佛祖一心，教禪一致。宗門教外別傳，非離心外別有一法可傳，只是要人離卻語言文字，單悟言外之旨耳。今參禪人，動即呵教，不知教詮一心，乃禪之本也。」又說：

現在那些所謂通教之人，往往只是對佛教經典的凡情知見而已，並沒有真實懂得經典所含啟迪一心的實際修證，反而認為參禪之人不依據經典，胡亂修行。而現在那些參禪之人，往往既不能「頓破無明絕凡情」，也不能「悟亦吐卻絕聖解」，卻說佛教經典不足依據，兩者都陷入偏頗錯誤之中。釋迦牟尼佛出世的目的，是為了開示眾生一大事因緣；禪宗祖師西來，直指單傳，也只為了令人了悟此一大事因緣。

憨山大師還在上堂示眾時強調，教外別傳必須以教印證，參究也離不開經教的要旨：

所言一大事者，即指眾生本有之自心，名為佛性種子耳；是知經乃佛所開示之路，禪乃欲人循路而行。持經而不悟心，與參禪而不見性者，總非真行。六祖云：心迷法華轉，心悟轉法華。持經與參禪豈有二耶？是在學人堅持久長不拔之志，持經即參究，參究即持經。

可見，大師鮮明主張，持經（教）與參禪兩者本就是一事，絕非截然對立。

參究體悟，必須以佛經印證，這是憨山大師本人參究經驗的總結；憨師認為，在晚明缺乏明眼善知識的情況下，多數修禪者都應當遵循這一方法。《夢遊集》記載，憨山大師云：

老人尋常要修行人以教印心者，謂是為自己所知所見，一向無明眼人指示邪正，要以佛經印正。如《楞嚴》、《楞伽》、《圓覺經》中，所說皆禪定工夫、悟心之要，將自心對照看，如佛所說，不如佛說。故云以聖教為明鏡，照見自心；不是將經中玄妙言句，回為己解也。

這便是大師經常所說的要「以教印心」，即用佛教經典來印證自己是否悟道有成，看自己的修證是否如佛所說或不符合佛說。之所以這樣的原因，是因為當時佛教凋敝，大徹大悟的修證者很難遇到；參禪者無法通過善知識的指導來修行，就只能依靠佛說經典，否則恐怕會落到邪門外道中。故大師又云：

今無明眼知識印證，若不以教印心，終落邪魔外道。但不可把佛說的語言文字，及祖師玄妙語句，當作自己知見，必要參究做到相應處。如經云：一切煩惱，應念化成無上知覺，如此便是頓悟的樣子。不得將煩惱習氣，夾雜知見，當作妙悟也。

在憨山大師看來，禪與教的根本宗旨是一致的，都在於對「一心」的體悟。經教採取執持佛教經典的方式，層層分析，逐步去除遮蔽自心的迷霧，是一種穩步審慎的「漸悟」方式。禪宗採取的是以心傳心、當下領悟的辦法，是「頓悟」的修行路徑；不過，禪宗所說的頓悟，修行途中的證悟是否正確、是否符合佛意，還是要經過經教的印證或檢驗。

可以說，教禪二者殊途同歸；所謂「教外別傳」，只是不執著於經教的文字、不被文字所束縛，仍是可透過文字去領會佛的本意，並非在經教之外別有一心可悟、別有一法可傳。這就是憨山大師的「禪教一致」的主張。

大師數十年如一日地通過著述和開示宣傳這一觀點，多方協調佛教內部的紛爭，對晚明以後的佛教發展產生了積極影響。

## 性、相一源

除了教禪對立的弊端，教內當時還有「性」、「相」分裂的弊端。

所謂「性」指的是「性宗」，是側重探討佛性的宗派，包括禪宗與天台、華嚴及更早的三論等宗派。所謂「相」指的是「相宗」，有時候特指唐代玄奘、窺基所創立的法相唯識宗，是側重探討現象世界如何形成的宗派。

「性」與「相」分別對應佛教的根本教義「空」與「有」。「空」並非虛無，所表徵的是諸法實相及佛性，是一切現象背後的心體。「有」表徵的是複雜紛紜的現象；而這些現象之所以產生，是因為諸法緣起所形成。所謂「緣起性空」中的「緣起」就是有，「性空」就是佛性。永明延壽在《宗鏡錄》中云：

但論空、有，則廣明諸法。何者？以空、有管一切法故。此空、有二門，亦是理、事二門，亦是性、相二門，亦是體、用二門，亦是真、俗二門。

其意思就是「空」與「有」的分殊，實際就是「性」與「相」的分殊，同時也是理與事、體與用、真與俗的分殊；性、相分為二門，實質是空、有分為二門。《夢遊集》記載，憨山大師也採取性與相分為二大類的觀點，其云：「吾佛世尊，攝化群生，所說法門，方便非一。而始終法要，有性、相二宗。」

性、相二宗的對立自古有之；甚至可說其嚴重程度比禪教對立更甚，達到「分河飲水」的地步，如憨山大師在《夢遊集》中所謂：「當佛入滅未久，而邪見橫興，破壞正法。無論外道，即佛弟子親習權乘，執為己見，自滅正法，況其他乎？故西域性相二宗，各立門庭，甚至分河飲水，其來已久。」

對於性、相二宗的分歧，自玄奘以後，不乏古德先賢試圖加以協調統合。唐代清涼澄觀大師依據華嚴的圓融觀念，分析了兩者互相依存的辯證關係。在《大方廣佛華嚴經疏》中，澄觀大師云：「相是即性之相，故行布不礙圓融；性是即相之性，故圓融不礙行布。」永明延壽所著《宗鏡錄》也說，「發明性相一源之旨」、「會性相歸一心」。延壽大師還用「水與波」的關係比喻「性與相」的關係：

不知性相二門，是自心之體用。若具用而失恒常之體，如無水有波；若得體而缺妙用之門，似無波有水；且未有無波之水，曾無不濕之波。以波徹水源，水窮波末，如性窮相表，相達性源。須知體用相成，性相互顯。

簡而言之，如水、波一樣，性、相並非兩種完全不同之物，而是同一事物的兩種表現。「波」並不能說就是「水」，但也不異於水；而且，對水的認識必須通過「波」來瞭解，故而說水波一體、性相一體。雖然古德先賢對協調性相分歧做了不少努力，但即使唯識宗在明代復興之後，性相分歧仍舊存在。

憨山大師會通性、相的做法，是以《大乘起信論》為經典依據，闡述「性相一源」的理論。在《起信論直解．後序》中，憨師說：在西域，性相二宗嚴重分裂之後，「當六百年有馬鳴大師出，蹶起而大振之，乃宗《楞伽》等百部大乘奧義，著《起信論》，以破邪執。大開一心法界之門，攝性相而會一源，引三乘而執至極。」說明了馬鳴菩薩著《大乘起信論》協調性相分歧的重要性。

憨山大師又對唯識宗的重要經典《百法明門論》作了研究和闡述。在〈百法明門論論義〉一文中，憨師云：「佛說一大藏教，只是說破三界唯心，萬法唯識。及佛滅後，弘法菩薩解釋教義，依唯心立性宗，依唯識立相宗，各豎門庭，甚至分河飲水。而性相二宗不能融通，非今日矣。」

大師認為，三界唯心、萬法唯識所說圓融無二，絕非不能融通，馬鳴大師所作《起信論》對協調性相影響極大。《起信論》中立兩種法門，一是真如門，顯示了真如法性的永恆實在性；一是生滅門，顯示真妄二心和合運作的表像。教下修行，原本是依照一心開示，以達到從生滅門悟至真如門的目的：

其唯識所說十種真如，正是對生滅所立之真如耳；是知相宗唯識，定要會歸一心為極。此唯《楞嚴》所說一路涅槃門，乃二宗之究竟也。學人不知其源，至談唯識一宗，專在名相上作活計；不知聖人密意，要人識破妄相以會歸一心耳。故今依生滅門中，以不生滅與生滅和合成阿賴耶識，變起根身器界，以示迷悟之源。了此歸源無二，則妙悟一心，如指諸掌矣。

憨山大師批評了當時唯識宗人「專在名相上作活計」的錯誤，指出性、相二宗都是依據「一心」演繹出的兩種學佛途徑，即「依一心法立二種門，謂心真如門、心生滅門」。理論和途徑雖有差別，最終都要「會歸一心為極」，可見二宗歸源無二，性相同源。

當然，無論是調和禪教，還是會通性相，憨山大師在根本上還是站在禪宗的立場上來加以處理的。不過，使他非常痛心的是，時下很多僧徒，不但不能領會古德的思想，也不能體會他的良苦用心。所以他在《起信論直解．後序》中感慨萬千地說：從古印度以來的性相分歧，馬鳴大師已經加以破除；後來圭峰大師著《禪源詮》、永明大師著《宗鏡錄》，更是詳細闡明了性相一源的宗旨。可惜，現在的學佛者竟然視而不見，仍就性相分歧爭論不休；憨山大師為此多做協調，學人對大師主張仍多不理解。大師嘆息道：「予雖舌長拖地，莫可誰何。無怪乎視馬鳴、龍樹、圭峰、永明為門外漢。」

憨山大師是在參究得悟後，才深切理解《楞伽》、《楞嚴》等經論的精義，以此真實修為來協調性相分歧。大師的宗旨是「即教乘而指歸向上一路」，即從禪出發理解經典，最後還是回歸於禪。然而，當時教內諸人對他並不理解；「習教者概以予為不師古，參禪者概以予為文字師」，這真是莫大的悲哀！不過，憨山大師並不灰心，仍堅持不懈統合教內各派。

在會通性相方面，大師還研究了玄奘大師所著唯識宗的另一重要經典《八識規矩頌》，以方便學者通解性相二宗之旨，尤其是幫助參禪之士以此印心。在〈八識規矩通說〉一文中，大師云：「予不揣固陋，先依《起信》會通百法，復據論義以此方文勢消歸於頌，使學者一覽，了然易見。而參禪之士不假廣涉教義，即此可以印心，以證悟入之淺深。至於日用見聞覺知，亦能洞察生滅心數。」

後來憨山大師還把〈百法明門論論義〉與〈八識規矩頌通說〉合刻，統稱為《性相通說》。在本書之〈跋〉中，大師再次強調，這部著作不但是相宗指南，還是入大乘之門；無論親教還是參禪，如果能下功夫吃透它，一定能大有裨益。大師說：

若親教者，展卷則見文字遮障，而不知所說皆自心本有之佛性；參禪者，抱持妄想，盲修瞎煉，而竟不達生滅根源；是皆不知此論之過也。然論約剛五百言，而頌止四十八句，統收一大時教，世、出世法，無不該盡；若教若禪，無不揭示正修行路。

可以說，憨山大師對於「性相一源」的思想闡釋得極為透徹，對於調節佛教內部性相衝突的悲心令人欽歎。

## 教外影響

憨山大師的教外影響除了慈悲度人之外，最重要的就是提倡「儒釋道三教合一」之說，這對當時及後世佛教的發展產生相當重要的影響。

憨山大師在社會上廣為傳播佛法、慈悲度化眾生，例如在五臺山為朝廷祈嗣、在牢山和雷州救濟苦難民眾等；這些自然對於一般百姓產生極大影響；但對於統治者及士大夫階層來說，憨山大師所提倡的三教合一之說更具影響。大師通過對儒家和道教經典的重新詮釋，使之與佛教教義貫通起來，從而緩解了佛教與儒家、道教的衝突，提升了佛教的社會地位，讓王朝統治者對佛教的重要性有所認識，為佛教發展以及傳統中國社會的穩定和諧發揮了積極作用。

## 一、中國儒道釋三教的關係

就儒釋道三家而言，明朝仍舊以儒家為正統。道教也有巨大影響，不少皇帝都信奉道教。因此，朝廷對佛教在不同時期採取不同政策，打壓限制時而有之。如紫柏真可達觀大師就因牽連「妖書案」而被定死罪，不得不在獄中坐化而去。針對這些情況，由於憨山大師自小精通儒家經典「四書」、「五經」，對道教《道德經》、《莊子》以及諸子百家之說也極為熟悉，因此憨山大師能夠從儒家、道家經典的內部加以深刻分析，使之最終與佛教教義關聯起來，從而極大提高了佛教的社會影響和地位。

儒道釋之衝突

道教與佛教的衝突一直存在。儒家向來作為中國正統思想自居；而起源於本土信仰的道教，在宗教界也有自居正統的意味。

西晉時期就有《老子化胡經》的產生，這是道教與佛教衝突的最初表現。晉惠帝（西元二九〇至三〇七年在位）時，有僧人帛遠在長安城築精舍，以講授佛經為業，時有道士王浮常與之爭辯兩教義理。據《出三藏記集．卷五．法祖法師傳》和《晉世雜錄》等記載，王浮辯論每屈於帛遠，因此改《西域傳》為《老子化胡經》以誹謗佛法；王浮作《老子化胡經》一卷（或集前人傳說而作），記述老子入天竺變化為佛陀，教化胡人之事。後人陸續將《化胡經》增廣改編為十卷，以推崇道教、貶低佛教，此舉也引起了道佛之間的論爭與衝突。

至唐代，唐高祖李淵尊奉道教為國教（老子名李耳，與李唐皇室同姓），並頒布〈先老後釋詔〉，規定「老先，次孔，末後釋宗」，其後之太宗、高宗、中宗、睿宗、玄宗等皆奉行。唐高祖武德四年（六二一年）九月，太史令傅奕（原是還俗的道士）先後七次奏本滅佛，言詞激切，慫恿實行佛教沙汰（淘汰、揀選）。儘管此次滅佛事件未能實施，但佛教與道教的衝突已埋下伏筆，後來終於發生了「唐武宗滅佛」事件。

宋末道士顧歡以佛道二教互相非毀，於是作〈夷夏論〉以會通二教，但力持華戎之辯，意在抑佛而揚道。〈夷夏論〉以儒家的華夷之辨為出發點，尊崇道教、排抑佛教，借儒家「夷夏之防」的思想，認為華夷間種族不同、地域不同、文化不同，佛教乃是夷狄之教，應當大力排拒。到了明朝，皇帝中信奉道教者甚多，由此影響到朝廷的偏向，對佛教多有打壓。

儒家與佛教的衝突亦一直未平息過。例如，唐朝韓愈寫過著名的〈諫迎佛骨表〉，認為佛教只是夷狄之教，非中國所固有，因而不合先王之道；又說，佛教的流行使「亂亡相繼，運祚不長」，對國家治理有害而無益。韓愈強調：「佛本夷狄之人，與中國言語不通，衣服殊制。口不言先王之法言，身不服先王之法服，不知臣君之義，父子之情」，故不宜敬奉。因此他主張：「以此骨付之有司，投諸水火，永絕根本，斷天下之疑，絕後世之惑。」

三次「滅佛」

佛教與儒道衝突的典型體現是「三武一宗滅佛」事件。

北魏太武帝（西元四二三至四五二年在位）崇尚武力；為統一北方，鞏固在中原的地位，遂以全民為兵。後在宰相崔浩的勸諫下，改信寇謙之的天師道排斥佛教，並漸次發展為滅佛的行動。太武帝下令，上自王公，下至庶人，一概禁止私養沙門，並限期交出私匿的沙門；若有隱瞞，誅滅全門。後下旨誅戮長安的沙門，焚毀天下一切經像。當時篤信佛法的太子拓跋晃監國秉政，再三上表勸阻，廢佛詔書得以緩宣，而使遠近沙門聞訊逃匿獲免，佛像、經論亦多得密藏。廢佛後不久，寇謙之病死，崔浩後來也因撰《魏史》，於書中蔑視胡族而遭腰斬，其族人被誅者百餘人。廢佛後六年，魏太武帝駕崩，魏文成帝即位，下詔復興佛教，佛教才又逐漸恢復發展。

北周武帝（五六〇至五七八年在位）重儒術，信讖緯。下旨令沙門、道士一律還俗，財物散給臣下，寺觀塔廟分給王公；當時僧、道還俗的有二百餘萬人。當時的淨影慧遠、新州僧猛及靜藹法師面見周武帝論其滅佛之過，皆被逐出。宜州僧人道積與同伴七人絕食而死，極為壯烈。周武帝未屠戮僧人，只是令其還俗，尚為佛教發展留下些許餘地。後來，武帝年僅三十六歲而病死，佛教後繼者得以逐漸恢復。

唐武宗（八四〇至八四六年在位）滅佛，被稱為「會昌法難」。武宗曾下詔宣布滅佛結果：「天下所拆寺四千六百餘所，還俗僧尼二十六萬五百人，收充兩稅戶。拆招提、蘭若四萬餘所，收膏腴上田數千萬頃，收奴婢為兩稅戶十五萬人。」（《舊唐書・卷十八・武宗本紀》）後來，武宗三十二歲駕崩，宣宗繼位後重拾佛教、敕復佛寺。

後周世宗（九五四至九五九年在位）認為，佛教寺院僧尼是國家財政上的負擔，因此下詔禁止私自出家，將未受敕額的寺院一律廢毀，民間的佛像、銅器限期交由官司鑄錢，私藏五斤以上的一律處死。「是歲，所存寺院凡二千六百九十四所，廢寺院凡三萬三百三十六，僧尼系籍者六萬一千二百人。」（《周書．世宗紀二》）。周世宗年僅三十九歲死後，幼子繼位不到一年，後周被趙匡胤所滅。趙匡胤一反前代後周的政策，給佛教以適當保護以維護社會安定，佛教傳播遂逐漸恢復。

明代之「辟佛」論

明初以來，皇室的佛教活動日益繁多，佛教與儒家的矛盾也開始尖銳起來；這種矛盾，促使部分士大夫強烈反對寺院修建並發表辟佛言論。

例如，方孝孺在《遜志齋集》中認為：「苟以佛氏人倫之懿為可慕，則彼於君臣、父子、夫婦、長幼之節舉無焉，未見其為足慕也。苟以其書之所載為可喜，則彼之說必不過於吾堯、舜、禹、湯、文、武、周公、孔子之格言大訓，未見其為可喜也。」方孝孺以儒家人倫反對佛教思想，認為佛教不遵從儒家所提倡的君臣父子等關係，其思想也不會比儒家聖人高，所以不必重視佛教。

薛瑄在《讀書錄》中也從儒家人倫思想來反對佛教心性之說：「天下無性外之物，而性無不在。君臣、父子、夫婦、長幼、朋友皆物也，而其人倫之理即性也。佛氏之學曰明心見性者，彼即舉人倫而外之矣，安在其能明心見性乎？」

大儒王守仁（陽明）於《傳習錄》（陽明的講學語錄）也認為，佛教思想不能治理天下：「吾儒養心，未嘗離卻事物，只順其天則，自然就是工夫。釋氏卻要盡絕事物，把心看做幻相，與世間無些子交涉，所以不可治天下。」

## 「三教同源」之主張

為了協調儒釋道三教之間的關係，自魏晉以來，主張三教同源或三教合流、三教合一的觀點逐漸在社會上流行開來。

魏晉時期，道教經葛洪、寇謙之、陸修靜、陶弘景等人的努力，全面吸收儒佛思想而日漸成熟。如北天師道領袖寇謙之，融合儒家思想、佛教祭祀齋戒儀式等，以及當時逐漸發展而來的道教戒律、地獄、因果等思想，對道教教義進行重新詮釋和發展，初步體現了儒釋道相互交融的思想。

在魏晉南北朝時期，隨著漢代儒學獨尊地位的破滅，玄學昌盛，儒家思想稍顯式微，士人「越名教而任自然」。不過，儒家思想並未就此滅跡；其在玄學昌盛時期內充分吸收了玄學思想，並不斷融攝佛學思想，為宋明理學的展開打下基礎。從佛教來說，自傳入中國以來，從支婁迦讖、支謙分別將《小品般若經》譯為《道行般若經》、《大明度經》兩譯本來看，早期譯經大多受到中國本土文化的影響，或是為契合中國本土文化的特色而進行翻譯。

可以說，儒釋道三教在魏晉時期融和關係非常明顯，這不僅是出於三教本身的發展需要，也是三教初次交融過程中不可避免的交流結果。當然，在這段時間內也發生了三教衝突的諸多事件，例如因「沙門不敬王者」而引發的儒佛衝突，以及前述之北魏太武帝的滅佛事件。

隋唐時期，三教合流的趨勢愈加明顯，這不僅是三教本身的內在需要，也來自官方的努力。唐朝時三教並行，唐朝皇帝尊老子李耳為祖，故道教地位甚高；後雖經武則天將佛教置於道教之上，但三教並行的政策一直貫穿整個唐朝。例如，唐玄宗親自注佛教《金剛經》、儒家《孝經》、道教《道德經》，並言：「不壞之法，真常之性，實在此經，眾為難說；且用稽合同異，疏決源流。朕位在國王，遠有傳法，竟依群請，以道元元。與夫《孝經》、《道經》，三教無闕，豈茲祕藏能有探詳。」玄宗認為，三教無闕、同歸王佐，都是為化育百姓的善道。

這一時期，在三教的各自發展中也體現了合流的跡象。從儒家方面來說，被譽為「河汾道統」的隋末大儒王通，在肯定三教並存的基礎上，提出「三教可一」說，從儒家的立場最先提出三教融合的理念。

從道教方面來說，如南朝佛道之爭的著名人物顧歡，在其〈夷夏論〉中，認為佛道都「齊乎達化」、「如合符契」，認同佛道的共通之處：「若孔老非佛，誰則當之；然二經所說，如合符契，道則佛也，佛則道也。」

從佛教方面來說，如唐代圭峰禪師在《原人論》中將儒、道、人天教、小乘教、大乘教同歸一乘顯性教，認為本心即本覺真性，識得如此即能離諸妄想執著而得見自性，便能「本末會通，乃至儒道亦是」，則明瞭諸教「同歸一源，皆為正義」。當然，此時期的三教衝突也頻頻發生，如前述之韓愈辟佛、唐武宗之會昌法難等。

宋明時期，不僅三教各自有了非常完備的發展，而且湧現出了諸多宣導調和三教關係、甚至融合三教的著名人物。

道教方面，如元末明初武當派祖師張三丰在〈大道論〉中認為：「予也不才，竊嘗學覽百家，理綜三教，並知三教之同此一道也。儒離此道不成儒，佛離此道不成佛，仙離此道不成仙；而仙家特稱為道門，是更以道自任也，復何言哉！」不僅承認三教合理性，且將三教融攝為一道，認為道是貫穿三教的中心，三教「各講各的妙處，合講合的好處，何必口舌是非哉！」

再如金丹南宗紫陽派創始人張伯端在其《悟真篇》自序中說：「教雖分三，道乃歸一。奈何沒世黃緇之流，各自專門，互相非是，致使三家宗要迷沒邪歧，不能混而同歸矣！」簡言之，紫陽真人也認同三教合一。

儒家方面，雖然宋代有諸多儒者排佛，如石介著〈怪說〉斥佛老為「怪」；李覯作〈富國策〉，大談佛教對社會的十害；歐陽修書〈本論〉，認為「佛法為中國患千餘歲」。但是，與此同時，主張儒佛融合以及三教融合的亦有許多，例如蘇軾便常與僧人來往，詩文唱和甚多。

到明代時，儒僧來往更加密切；在佛教積極融合三教的情況下，諸多與僧人往來密切的儒者也都支持三教融合。例如，明代泰州學派宗師李贄，出入儒佛，尤其好禪宗，甚至落髮為僧，曾作〈三教歸儒說〉，認為「儒、道、釋之學，一也，以其初皆出於問道也」。又如曾學禪於李贄的「公安三袁」（「公安派」為明末文學流派，代表人物是袁宗道、袁宏道、袁中道三兄弟）中，袁宗道認為「三教聖人，門庭各異，本領是同」，袁宏道則認為「一切人皆具三教……三教之學，盡在我矣」，明確支持三教合一之說。

在佛教方面，宋代契嵩禪師對三教關係有諸多論述，如「儒佛者聖人之教也，其所出雖不同而同歸乎治」，又說：「然儒者以佛道為異端，惡其雜儒術以妨聖人之道行，乃比楊墨俗法而排之，是亦君子之誤也。而佛老與孔周，自古帝王並用其教以治其世幾乎百代。」他對儒者攻訐佛道為異端做出回應，認為儒釋道都是聖人設教，雖然教有所不同，但同歸於促進社會的和諧與穩定。

## 明代之「三教合一」思想

就整個明朝而言，宗教信仰較為自由，信仰種類甚多。與元朝皇室信仰喇嘛教（藏傳佛教）相比，明代對漢傳佛教更為尊崇。因為明朝的興起與元末信奉明教與白蓮教的紅巾軍息息相關；所以，明太祖朱元璋建立明朝後對宗教採取抑制和利用並行的政策，利用佛教、道教等宗教力量來維護社會秩序。明朝對不同宗教（包括伊斯蘭教、天主教）採用相容並取的方針，對民間宗教信仰及習俗也採取容忍政策；對藏傳佛教的政策，則與對西部邊疆地區的政策緊密相關，時緊時鬆。

不過，在明朝，儒家文化始終還是作為正統存在。以正統自居的部分士大夫視藏傳佛教為「番教」，認同程度遜於漢傳佛教。又，明朝某些皇帝因喇嘛多擅長某些法術，對其有特殊興趣，也因而導致士大夫的異議及批評。

明末，佛門高僧多兼通外學，教化時常引述儒道經典以論證三教關係。明末四大高僧之著作很多都與儒道兩家有密切關係，協調三教的思想較為明顯。蓮池（雲棲）袾宏原是儒生，憨山德清年少時「習舉子業」，蕅益智旭、紫柏真可也有援佛入儒的著作。

蓮池大師主張三教「理無二致」，其在〈三教一家〉中云：「是知理無二致，而深淺歷然；深淺雖殊，而同歸一理。此所以為三教一家也。」蓮池大師認為，三教在本質上並沒有不同，差別只在於程度上的深淺；他也認為，儒佛二道不但不相妨礙，反而有相資相助的功用。

蕅益大師對於三教的態度也著眼於道與心的同一。他在《靈峰宗論》中說：「道無一，安得執一以為道？道無三，安得分三教以求道？特以真俗之跡，姑妄擬焉？則儒與老，皆乘真以御俗，令俗不逆真者也；釋乃即俗以明真，真不混俗者。故儒與老主治世，而密為出世階；釋主出世，而明為世間祐。」又云：「自心者，三教之源，三教皆從此心施設。苟無自心，三教俱無；苟昧自心，三教具昧。」

達觀大師（紫柏真可）也主張三教同源。大師於文集《長松茹退》序言中就自稱出入於儒釋道之間，認為「且儒也、釋也、老也，皆名焉而已，非實也；實也者，心也。心也者，所以能儒、能佛、能老者也。」紫柏寫有五首偈頌以對照佛、儒二家的五種人倫道德，還融和佛教的五戒與儒家的五常，認為不殺曰仁、不盜曰義、不淫曰禮、不妄語曰信、不飲酒曰智。

可以說，正是因為儒釋道三家的相互論爭，才使得各界有識之士——尤其是佛教高僧大德，認為三教合一是最好的解決方式，既能消除衝突，也能維護國家的長治久安。於是，三教同源思想在明朝末期逐漸變得流行起來。

## 二、憨山大師關於儒釋道三教融合的思想及影響

憨山德清之說與蓮池袾宏、紫柏真可、蕅益智旭相互唱和，也提倡三教合一。《夢遊集》記載，對於三教，憨山大師認為相互包含融攝，世人應當都學習瞭解：

為學有三要，所謂不知《春秋》不能涉世，不精《老》、《莊》不能忘世，不參禪不能出世。此三者，經世、出世之學備矣。缺則一偏，缺二則隘，三者無一而稱人者，則肖而已。

這段話的意思是說，學習儒家經典得以處世治世、學習道家經典得以逍遙忘世、學習佛法禪門得以解脫出世；儒釋道三者缺一為偏，缺二為隘；如果三者皆未曾學習，就不能稱之為人了，而只是長得像人而已。

至於三教所以一致之因，憨山大師則將之歸為一心：「三教聖人，所同者心也，所異者跡也。……心跡相忘，則萬派朝宗，百川一味。」

憨山大師著有《大學綱目決疑》、《觀老莊影響論》、《道德經解》等論作，都是援佛入儒、援佛入老的佳作。在《觀老莊影響論》中，憨山大師認為：

孔子，人乘之聖也，故奉天以治人。老子，天乘之聖也，故清淨無欲，離人而入天。聲聞、緣覺，超人天之聖也，故高超三界、遠越四生、棄人天而不入。菩薩，超二乘之聖也，出人天而入人天，故往來三界、救度四生、出真而入俗。佛則超聖凡之聖也，故能聖能凡，在天而天，在人而人，乃至異類分形，無往而不入。且夫能聖能凡者，豈聖凡所能哉？

這段話體現了憨山大師三教關係思想的總綱。

憨山大師自幼在金陵報恩寺做童生時已開始學習儒家典籍。在《觀老莊影響論》中，大師深刻分析了孔子學說的入世目的：「孔子欲人不為虎狼禽獸之行也，故以仁義禮智援之，姑使捨惡以從善，由物而入人。修先王之教，明賞罰之權，作《春秋》以明治亂之跡。正人心，定上下，以立君臣、父子之分，以定人倫之節。其法嚴，其教切，近人情而易行。但當人欲橫流之際，故在彼汲汲猶難之。吾意中國，非孔氏，而人不為夷狄禽獸者幾希矣。」簡言之，大師認為，孔子教化世人的目的是「欲人不為虎狼禽獸之行」，因此以「仁義禮智」教導世人，使人能「捨惡從善」；如果沒有孔子的儒家學說，只怕人們至今還處於夷狄禽獸的處境中。

對於孔子學說的精神境界，大師說：「孔氏亦曰：知止而後有定。又曰：自誠明。此人乘止觀也。」憨山大師認為，孔子儒學的目的是為了實現人們的道德良善，這種境界是「人乘止觀」。為了證明孔子的道德修養等同於佛教的人乘止觀，憨山大師採用了唯識論的分析方法：

孔子設仁義禮智教化為堤防，使思無邪，姑捨惡而從善，至若定名分，正上下。然其道未離分別，即所言靜定工夫，以唯識證之，斯乃斷前六識分別邪妄之思，以袪鬥爭之害；而要歸所謂妙道者，乃以七識為指歸之地。

在憨山大師看來，孔子的道德修養之說僅只斷絕前六識（眼識、耳識、鼻識、舌識、身識、意識）的「了別境識」，但仍以第七識（末那識）為所依。由此可知，孔子的工夫是依前六識的認識作用，對一切境界以「仁義禮智教化為提防」，使人人能「捨惡從善」。憨山大師認為，「聖人」是儒家道德修養的最高境界，是一切善德的表現，這是佛教五乘中（人乘、天乘、聲聞乘、緣覺乘、菩薩乘）的第一階位，是「人中之聖」的敬稱。可見，憨山大師把儒家思想納入到佛教體系中，使其成為一部分，並「以佛法為究竟」。

對於道家，憨山大師將老、莊的靜定工夫判釋為「天乘止觀」，比孔子的「人乘止觀」要上一層。大師云：

老氏以虛無為妙道……且其教以絕聖棄智，忘形去欲為行，以無為為宗極，斯比孔則又進。觀生機深脈，破前六識分別之執，伏前七識生滅之機，而認八識精明之體，即《楞嚴》所謂罔象虛無、微細精想者，以為妙道之源耳。老氏所宗虛無大道，即《楞嚴》所謂晦昧為空，八識精明之體也。然吾人迷此妙明一心，而為第八阿賴耶識，依此而有七識為生死之根，六識為造業之本，變起根、身、器界生死之相，是則十界聖凡，統皆不離此識，但有執破染、淨之異耳。

大師認為，老子以「虛無」的道體為本體，以其至虛而包容萬物。在修為方面，以「無為」作為宗極，而實現「絕聖棄智」、「忘形去欲」的境界。如《道德經．第十二章》云：「五色令人目盲，五音令人耳聾，五味令人口爽」，因而要破前六識分別之執取，這比孔子更進一步。因為，破除「我執」的老子以此清淨之心為妙道之本源，「釋形去智，離欲清淨」，進而「去人而入天」而成為「真人」。憨山大師認為，老子的「離欲清淨」的工夫能制伏第七識的「我執」，因此判定老莊的工夫是天乘止觀，所以老子可稱之為天乘之聖。不過，老莊的清淨是不究竟的，修行最終目的的實現還是要依靠佛法修行。

憨山大師自童生始學習「孔」學，後學「老莊」，終究歸命於「佛」。大師認為，佛教的「離心離識」，比孔子之道德、老莊之清淨更為深遠廣大：

吾佛說法，雖浩瀚廣大，要之不出破眾生粗細、我法二執而已。二執既破，便登佛地；即三藏經文，皆是破此二執之具。

由此可見，佛陀說法是要人破除「我執」與「法執」，經、律、論三藏經文也以除滅二執為根本，並以「顯現真心」為最終旨歸。佛陀之境是「超聖凡之聖」，且一切法無非佛法，無論任何一事、任何一理，「無障無礙，是名為佛」。

由上可知，憨山大師以唯識「一心」之義理會通三教，並且闡示「三教無非聖人」以消除儒釋道的對立和排斥，並把儒道放入佛教的體系中。憨山大師認為「佛」為究竟圓滿，卻也不否定儒道的功能，他說：「原彼二聖，豈非吾佛密遣二人，而為佛法前導者耶？」還說「愚意孔老，即佛之化身也。」憨山大師將儒、道二家認為是佛的「前導者」或「化身」，一方面肯定了儒道的功能，另一方面也肯定了佛教的更高地位。可以說，憨山大師判釋三教仍以佛教為核心，並深刻詮釋了三教融合的道理：

捨人道無以立佛法，非佛法無以盡一心；是則佛法以人道為鎡基，人道以佛法為究竟。故曰：菩提所緣，緣苦眾生；若無眾生，則無菩提。

「捨人道無以立佛法」，亦正是當代「人間佛教」的精神所在！

憨山大師知識淵博，修為高深，慈悲度人，因此在士大夫階層頗有影響，很多儒、道弟子因仰慕大師的緣由而皈依佛門。可以說，正是以憨山大師為代表之大德高僧的廣泛宣傳，宣導儒釋道三教合一，才極大提升了佛教的社會地位，緩解了佛教與本土儒家、道教的衝突，也有力地維護了社會穩定。這種儒釋道三教合一的思想，時至如今，仍然在社會上有著廣泛而深遠的影響。

# 附錄

# 憨山大師年譜

歲數——西元——帝號——年號

一歲 一五四六 明世宗 嘉靖二十五年丙午
十月十二日，己丑時，憨師誕生。憨師俗姓蔡，母洪氏生平愛奉觀音大士，夢大士攜童子入門而有娠。

二歲 一五四七 明世宗 嘉靖二十六年丁未
憨師重病，母親許願出家，改乳名「大美」為「和尚」。

七歲 一五五二 明世宗 嘉靖三十一年壬子
叔父去世，產生「人死何處去」的疑情；見嬸母生子，生起「人從何處來」的疑情。

九歲 一五五四 明世宗 嘉靖三十三年甲寅
在寺廟中讀書，偶然聽聞《觀音經》，歡喜求法讀誦。

十歲 一五五五 明世宗 嘉靖三十四年乙卯
問母親為何讀書；聽母親回答後，認為不如出家為僧。次年，偶然見到行腳僧，生起出家的志願。

十二歲　一五五七　明世宗　嘉靖三十六年丁巳

從金陵報恩寺西林和尚出家。聽無極大師講經。遇雪浪師，亦年少出家。

十三歲　一五五八　明世宗　嘉靖三十七年戊午

蒙授《法華經》，很快便能背誦。

十五歲　一五六〇　明世宗　嘉靖三十九年庚申

西林和尚請先生教習「四書」，一年後即可背誦，首尾不遺漏一字。

十七歲　一五六二　明世宗　嘉靖四十一年壬戌

除「四書」外，還能讀誦《易經》及文辭詩賦，能詩述文，當地一時無兩。

十九歲　一五六四　明世宗　嘉靖四十三年甲子

受棲霞山雲谷大師開示禪宗妙道，開始拜讀佛法經典；偶得《中峰廣錄》，更加堅定弘揚佛法的大願。後專心念佛，夢見西方三聖。聽無極大師講《華嚴玄談》，了悟法界圓融無盡之理；因欽仰澄觀大師，自取「澄印」為字。

二十歲　一五六五　明世宗　嘉靖四十四年乙丑

西林和尚入寂前召集大眾念佛五晝夜，手提念珠，端然而逝。十月，雲谷大師在天界寺開坐禪法門，憨師聽後開始參禪，並有初悟。

二十一歲　一五六六　明世宗　嘉靖四十五年丙寅

報恩寺遭遇大火，朝廷怪罪；住主持下獄，僧眾紛紛逃避。憨師挺身而出，盡力解救厄難。後遇雪浪師，決定興復寺院。結識妙峰師。

二十二歲　一五六七　明穆宗　隆慶改元丁卯

朝廷在報恩寺設立義學，憨師為教師，所教涉及《左傳》、《史記》和諸子古文辭。其後三年皆以教授為業。

二十六歲　一五七一　明穆宗　隆慶五年辛未

和雪浪師一同遠遊，後獨自一人北上。同年，振興禪門青原寺。

二十七歲　一五七二　明穆宗　隆慶六年壬申

托缽乞食至揚州，後至京師。拜謁摩訶忠禪師，聽《法華》、《唯識》，又請安法師為說因明三支比量。再逢妙峰師。

二十八歲　一五七三　明神宗　萬曆元年癸酉

正月到五臺山遊學；見憨山奇秀，遂自取為號。

二十九歲　一五七四　明神宗　萬曆二年甲戌

回到京城，重見妙峰師，並見京都諸多名士，後與妙峰師一起外出參學。八月入少林寺拜謁禪宗達摩初祖。九月開始校對《肇論中吳集解》，恍然明瞭生死之疑。又遇牛山法光禪師，參悟禪機。

三十歲　一五七五　明神宗　萬曆三年乙亥

與妙峰師同遊五臺山。憨師靜坐參禪，從前疑惑當下頓消。後雪浪師北上，為傳法故，相聚後告別而去。

三十一歲　一五七六　明神宗　萬曆四年丙子

春三月，蓮池大師遊學經過五臺山，與憨師相談甚契。憨師於五臺隨緣傳法，門人記錄成《佛法緒言》。同年，在五臺參禪，徹悟心性。

三十二歲　一五七七　明神宗　萬曆五年丁丑

為報四恩，發心刺血泥金，寫《大方廣佛華嚴經》。慈聖皇太后聽説後，賜給金紙用以寫經。

三十三歲　一五七八　明神宗　萬曆六年戊寅

寫經時無論點畫大小，每落一筆，皆念佛一聲，同時應對問答，毫無妨礙。妙峰師認為憨師已入三昧。此後數年，憨師多有夢境，曾見清涼大師、兜率天彌勒、文殊菩薩等聖眾。

三十六歲　一五八一　明神宗　萬曆九年辛巳

與妙峰師籌建無遮大會，太后派遣官員至五臺山祈求皇嗣；憨師盡力促成，法會圓滿。

三十七歲　一五八二　明神宗　萬曆十年壬午

春三月講《華嚴玄談》，每日聽眾不下萬人。八月，皇子降生。憨師後去京西中峰寺，作《重刻中峰廣錄序》。

三十八歲　一五八三　明神宗　萬曆十一年癸未

移居東海牢山（嶗山），開始使用「憨山」這一名號。

三十九歲　一五八四　明神宗　萬曆十二年甲申

太后因為五臺山祈求皇嗣的功勞，尋訪憨師，賜予三千金為憨師修建寺院。憨師將所賜銀兩遍施各府僧侶、孤老、獄囚，以濟饑餓，牢山百姓始知佛法。

四十一歲　一五八六　明神宗　萬曆十四年丙戌

神宗皇帝敕頒藏經十五部，散施於天下名山。太后派人送藏經到東海牢山憨山師處。為安置藏經，太后捐資牢山修建海印寺。是年，憨師遇紫柏真可（達觀大師），相談極為契合。

四十二歲　一五八七　明神宗　萬曆十五年丁亥

開堂為眾說戒，並作《心經直說》。

四十四歲　一五八九　明神宗　萬曆十七年己丑

為報恩寺祈請大藏經一部，迎經數日，瑞祥昭然，萬人禮拜。同年，回家拜見雙親。

四十五歲　一五九〇　明神宗　萬曆十八年庚寅

書寫《法華經》，並作《觀老莊影響論》。

四十六歲　一五九一　明神宗　萬曆十九年辛卯

海印寺大殿建成，供奉檀香毗盧佛像。

四十七歲　一五九二　明神宗　萬曆二十年壬辰

至京城訪達觀大師，對坐四十晝夜暢談佛法。同年，為石經法寶作〈琬公塔院記〉和〈重藏舍利記〉。

四十八歲　一五九三　明神宗　萬曆二十一年癸巳

牢山東區發生饑荒，憨師極力賑災，使四周百姓無一餓死。

四十九歲　一五九四　明神宗　萬曆二十二年甲午

在京城慈壽寺説戒，後請太后重修報恩寺；後因日本侵犯朝鮮而暫緩。

五十歲　一五九五　明神宗　萬曆二十三年乙未

因先前太后送藏經於牢山，與修建寺院涉及大量金錢等原因，憨師蒙冤受難，在京城受刑拷訊。皇上之後發現冤枉了憨師，仍將憨師流放至雷州（今廣東）。

五十一歲　一五九六　明神宗　萬曆二十四年丙申

過訪禪宗曹溪祖庭。見祖庭凋弊，淒然而去。三月抵雷州。四月一日開始著手注解《楞伽經》。這一年雷州鬧饑荒，疫癘橫發，經年不下雨，死傷不可勝計，憨師賑災求雨。次年，建普濟道場七晝夜。自此粵人才知道有佛法，並有人開始皈依。

五十三歲　一五九八　明神宗　萬曆二十六年戊戌

校《楞伽筆記》，著《法華擊節》，作〈澄心銘〉。

五十四歲　一五九九　明神宗　萬曆二十七年己亥

為大眾講《楞伽筆記》，並印製百餘部分送海內善知識。粵人風俗喜好以殺生祭祀祖先，憨師作盂蘭盆會，講《孝衡鈔》，提倡放生吃素，民風大改。

五十六歲　一六〇一　明神宗　萬曆二十九年辛丑
重振曹溪禪風，重修祖殿，選僧受戒，立義學教沙彌，設庫司清規等等。一年之間，百廢俱舉。

五十八歲　一六〇三　明神宗　萬曆三十一年癸卯
達觀大師蒙冤下獄，溘然圓寂。

五十九歲　一六〇四　明神宗　萬曆三十二年甲辰
著《春秋左氏心法》，潛倡佛教因果之說。

六十歲　一六〇五　明神宗　萬曆三十三年乙巳
過瓊海，作〈春秋左氏心法序〉，游石山，作〈瓊澥探奇記〉、〈金粟泉記〉。後返曹溪祖庭。

六十二歲　一六〇七　明神宗　萬曆三十五年丁未
還籍曹溪，在山中常為弟子說法。同年作《道德經解》。

六十四歲　一六〇九　明神宗　萬曆三十七年己酉
遊端溪，作〈夢遊端溪記〉。後於重修祖庭時，焚香誦《金剛經》解決紛爭，又作《金剛決疑》。

六十五歲　一六一〇　明神宗　萬曆三十八年庚戌
離開曹溪，寓居五羊長春庵。次年到端州鼎湖山，為諸士子講述《大學決疑》。

六十七歲　一六一二　明神宗　萬曆四十年壬子
居長春庵，為弟子講《大乘起信論》、《八識規矩頌》、《百法明門論》，並為《法華擊節》著《品節》。

六十八歲　一六一三　明神宗　萬曆四十一年癸丑
在長春庵為諸弟子講《圓覺經》。剛講一半，自初參禪時發、一直困擾大師四十八年的背疽再次猛發；後冤業酬償，十月疾愈。

六十九歲　一六一四　明神宗　萬曆四十二年甲寅
著《楞嚴通議》。

七十歲　一六一五　明神宗　萬曆四十三年乙卯
在春季為大眾講解《楞嚴通議》。夏四月著《法華通義》，纂《起信略疏》。

七十一歲　一六一六　明神宗　萬曆四十四年丙辰
游廬山東林寺，注《肇論》，決意隱居廬山。悼念達觀大師。又著《參禪切要》，述《性相通說》，寫下〈擔板歌〉等詩歌。

七十二歲　一六一七　明神宗　萬曆四十五年丁巳

悼念雲棲蓮池大師。作〈宗鏡堂記〉。至杭州西湖，與諸大德高僧聚會，盛況空前。《東遊集》整理並刊行。

七十四歲　一六一九　明神宗　萬曆四十七年己未

於廬山五乳峰講《華嚴》，並長期為大眾講《法華經》、《楞嚴經》、《金剛經》、《成唯識論》諸經論。又著《華嚴綱要》。

七十六歲　一六二一　明熹宗　天啓元年辛酉

為大眾講《楞伽經》、《大乘起信論》、《肇論》。

七十七歲　一六二二　明熹宗　天啓二年壬戌

經四眾弟子祈請，再入曹溪祖庭。

七十八歲　一六二三　明熹宗　天啓三年癸亥

四月為眾說戒，講《楞嚴經》、《大乘起信論》等經論。秋七月，又為眾說戒。

十月十一日申時，憨師沐浴焚香，端坐而逝。

# 參考資料（依作者姓名筆畫排序）


《中華大藏經》編輯局編，《中華大藏經》（漢文部分），北京：中華書局。
王紅蕾著，《憨山德清與晚明士林》，北京：中國社會科學出版社。
任繼愈著，《中國佛教史》，北京：中國社會科學出版社。
呂澄著，《印度佛學源流略講》，上海人民出版社。
夏清瑕著，《憨山大師佛學思想研究》，上海：學林出版社。
高照民著，《漢傳佛教高僧傳》，北京：宗教文化出版社。
陳松柏著，《憨山自性禪思想之理論基礎與核心論題》，新北市：花木蘭文化出版社。
趙超編，《歷代高僧傳》，上海書店。
蔣維喬著，《中國佛教史》，上海古籍出版社。
贊甯著，《宋高僧傳》，北京：中華書局。
釋印順著，《成佛之道》，北京：中華書局。
釋印順著，《佛法概論》，北京：中華書局。
釋印順著，《空之研究》，北京：中華書局。

釋道宣著，《續高僧傳》，北京：中華書局。
釋德清著，《老子道德經解》，武漢：崇文書局。
釋德清著，《莊子內篇注》，武漢：崇文書局
釋德清著，《憨山老人夢遊集》，北京圖書館出版社。
釋慧皎著，《高僧傳》，北京：中華書局。
鐮田茂雄著，《簡明中國佛教史》，上海譯文出版社。

國家圖書館出版品預行編目(CIP)資料

憨山德清：佛祖之標榜／徐瑾編撰 — 初版
臺北市：經典雜誌，慈濟傳播人文志業基金會，2019.06
400面；15×21公分 —（高僧傳）
ISBN 978-986-97169-6-3（精裝）
1.(明)釋德清 2.佛教傳記
229.36 108009377

# 憨山德清——佛祖之標榜

創 辦 人／釋證嚴

編 撰 者／徐　瑾
主編暨責任編輯／賴志銘
行政編輯／涂慶鐘
美術指導／邱宇陞
插圖繪者／林國新
校對志工／林旭初

發　行　人／王端正
合心精進長／姚仁祿
傳　播　長／王志宏
平面內容創作中心總監／王慧萍

內頁排版／尚璟設計整合行銷有限公司
出 版 者／經典雜誌
慈濟傳播人文志業基金會
112019臺北市北投區立德路2號
客服專線／（02）28989991
傳真專線／（02）28989993
劃撥帳號／19924552　戶名／經典雜誌
印　　製／新豪華製版印刷股份有限公司
經 商 商／聯合發行股份有限公司
231028新北市新店區寶橋路235巷6弄6號2樓
（02）29178022
出版日期／2019年6月初版一刷
2021年12月初版四刷
定　　價／新臺幣380元